LE COFFRET DU BIBLIOPHILE

SOUVENIRS

D'UNE

COCODETTE

ÉCRITS PAR ELLE-MÊME

INTRODUCTION, ESSAI BIBLIOGRAPHIQUE

PAR

GUILLAUME APOLLINAIRE

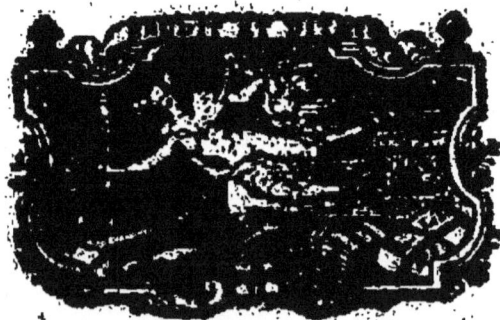

PARIS

BIBLIOTHÈQUE DES CURIEUX

4, rue de Furstenberg, 4

Édition réservée aux souscripteurs

—

SOUVENIRS

D'UNE

COCODETTE

ÉCRITS PAR ELLE-MÊME

INTRODUCTION, ESSAI BIBLIOGRAPHIQUE

PAR

Guillaume APOLLINAIRE

PARIS

BIBLIOTHÈQUE DES CURIEUX

4, rue de Furstenberg, 4

Édition réservée aux souscripteurs

INTRODUCTION

—:§:—

Ernest Feydeau, l'auteur un moment illustre de *Fanny*, dont Sainte-Beuve disait :
« C'est plus qu'une nouvelle, c'est presque un poème », a mis son nom sur l'Intitulé, après la Préface et au bout de certaines notes de l'Édition originale (portant le titre de *Mémoires d'une Demoiselle de bonne famille*), des *Souvenirs d'une Cocodette*. Mais est-il bien, ainsi qu'on le croit généralement, l'auteur de ce roman léger, voluptueux, pénétrant et vraisemblable ? S'est-il borné, comme l'affirme la première Édition, à revoir, corriger, adoucir et mettre en bon français la prose due, d'après la *Post-Face* de l'édition de Leipzig, à « une femme mondaine » ?

Quoi qu'il en soit, mémoires authentiques ou bien œuvre d'imagination, les *Souvenirs d'une Cocodette* sont bien l'image colorée, le tableau séduisant du temps pendant lequel ils furent ou conçus ou vécus.

Pour dire le vrai, il n'est point impos-

1

sible que Feydeau ait rédigé seul les *Souvenirs d'une Cocodette.* La littérature occupait les loisirs que lui laissaient la finance et l'antiquité.

Les autres romans qu'il a écrits montrent qu'il avait un véritable talent, digne et capable de mettre au jour cette production charmante et profondément humaine qui, lue et relue par tous ceux qui voudront connaître la vie intime d'une époque pleine de grâce et d'élégance, le Second Empire, sauvera de l'oubli le nom de *Cocodette.*

Il ne faut pas le confondre avec *Cocotte.* Ce dernier mot tombe lui-même en désuétude. Il désignait la demi-mondaine. *Cocodette*, au contraire, s'appliquait à la Femme du Monde; mais la jeune femme du monde, la femme du monde à la mode, la femme du monde qui a besoin d'argent pour alimenter son luxe; en un mot, la femme du monde « en révolte ouverte contre le sens commun ».

A la vérité, la Cocodette a bien quelque chose de la Cocotte, et les mots se ressemblent. La Cocodette, c'est la Cocotte avec un masque, le masque de la respectabilité, le masque de la vertu qui dissimule le vice et le rend plus aimable.

Au demeurant, on pensera que nous avons encore des Cocodettes parmi nous, mais le mot qui les peignait si bien n'est plus en usage.

S'il est l'auteur des *Souvenirs d'une Cocodette*, le favori de Sainte-Beuve a fixé délicatement, minutieusement et définitivement les traits d'un personnage féminin qui valait la peine d'être décrit.

Les romans d'Ernest Feydeau, qui furent célèbres, sont presque oubliés ; il doit à un petit ouvrage clandestin de n'avoir point tout à fait disparu.

« C'est, disait Barbey d'Aurevilly à propos de Feydeau, un archéologue qui se permet d'avoir du style, ce qui est assez audacieux pour un archéologue. »

G. A.

ESSAI BIBLIOGRAPHIQUE

Les exemplaires de la première Edition des *Souvenirs d'une Cocodette* portent l'Intitulé suivant.

Mémoires d'une Demoiselle de bonne famille, rédigés par elle-même, revus, corrigés, adoucis et mis en bon français par Ernest Feydeau. — Londres, Société des bibliophiles.

Petit in-8° sans date, imprimé à Bruxelles, dans l'imprimerie Clerbaut, Liverani et Cie, en 1877. Couverture imprimée, 2 feuillets (faux titre et titre rouge et noir) et 143 pages.

Frontispice gravé à l'eau-forte par Hanriot.

La Préface, commençant par « Amie lectrice », est signée Ernest Feydeau. Le texte est encadré d'un filet rouge.

Tiré à petit nombre. Il a été tiré quelques exemplaires sur papier de Chine; dans ces exemplaires le frontispice est en 3 épreuves.

Ce volume parut l'année suivante, avec des modifications et sous-titre définitif :

Souvenirs d'une Cocodette, écrits par elle-même.

[Marque formée de rayons de soleil au centre desquels se trouve un monogramme entouré de la devise : *Utile dulci.*]

Leipzig, chez Landmann, éditeur, 1878.

In-12 composé de 2 ff. (faux titre portant au verso la justification du tirage, et titre), et 197 pp. Frontispice et 10 eaux-fortes hors texte; quelques-unes sont signées de J. Chauvet.

Tiré à 500 exemplaires, savoir : 1 exemp. sur vélin, 50 exemp. sur papier de Chine et 449 sur papier de Hollande. Les exemp. sur pap. de Hollande ont une double suite de gravures, en noir et à la sanguine; les exemp. sur pap. de Chine ont les fig. avant la lettre, en noir et à la sanguine.

Cette nouvelle édition contient un *Avant-Propos,* et une *Post-Face* qui ne sont pas dans l'Édition originale.

La *Post-Face* indique la première Édition comme incomplète et signale les différences.

Dans l'édition de Leipzig, le nom de Feydeau a disparu. Il y a lieu de croire que cette édition a été imprimée, comme la précédente, à Bruxelles.

ᴀᴍɪᴇ ʟᴇᴄᴛʀɪᴄᴇ,

Si, d'aventure, tu étais bégueule ou seulement
tant soit peu prude, garde-toi, comme de la peste,
d'ouvrir ce livre et d'en parcourir une ligne, il n'est
pas fait pour toi. Tu n'y comprendrais rien. Mais
si, comme je l'espère et le souhaite, tu es femme
charmante, douée d'autant d'intelligence que de
bon sens, ayant l'expérience du monde et connais-
sant au moins les plus mignons des secrets de la
vie, si, de plus, tu ne recules pas, pour te distraire,
devant quelques heures passées en tête-à-tête avec
un auteur dont toutes les actions, tous les travaux, toutes les pensées n'ont jamais eu d'autre
but que de plaire à ton sexe... oh! alors, ne crains
pas de lire et même de relire le récit attachant
que je place ici sous tes yeux. J'ose te promettre
qu'il te rappellera plus d'une émotion de ta jeunesse

et te présentera le miroir fidèle des sentiments, des sensations, des émotions, peut-être même de quelques-uns des événements qui ont dû traverser ta vie.

Et si, cette fois, malgré l'esprit dont tu es douée, tu t'étonnes de trouver dans cette peinture un peu plus de liberté qu'on n'en accorde de nos jours aux malheureux auteurs, ne te scandalise pas, je te prie. Considère d'abord que la nature de cet ouvrage commandait certaines privautés de style ; ensuite souviens-toi que les plus beaux génies de la langue française : Montaigne, Montesquieu, Voltaire, Molière, La Fontaine, et tant d'autres ! n'ont pas plus reculé, pour doter l'Univers de leurs impérissables chefs-d'œuvre, devant la hardiesse du langage que devant la licence des sujets.

Adieu, amie lectrice. A tes pieds.

SOUVENIRS
D'UNE COCODETTE

—+⚹+—

CHAPITRE PREMIER

SOMMAIRE

*Quel est mon but en écrivant ces mémoires. —
Ce qu'ils seront. — Je n'écris que pour moi. —
Qui je suis. — Ma naissance. — Un ménage de
savant. — Mon portrait. · Persécutions maternelles. — Les Robes abricot. — Portrait en
pied de ma bonne mère. — Un singulier train
de maison. — Monsieur Gobert. — Événement
qui a dû arriver à bien des mères. — Utilité
des tours de clef donnés à certaines portes. —
Découverte extraordinaire. — Une femme qui
ne se laisse pas démonter.*

J'entreprends une tâche sans précédents dans
l'histoire des lettres, celle de montrer tout à nu
l'âme d'une femme, de la faire voir, cette âme, dans
les circonstances les plus graves, les plus poignantes, les plus délicates et les plus intimes,

Avec la plus entière indépendance et la plus complète bonne foi, je vais décrire, sans rien déguiser ni retrancher, les incidents de toutes sortes par lesquels je me suis vue forcée de passer, depuis l'âge où l'adolescence succède à l'enfance jusqu'à celui où la nature, par une révolution soudaine, avertit la femme que son rôle actif, ici-bas, est terminé. Pour m'acquitter de cette tâche, la mener à bien jusqu'au bout, pour dire... tout, je mettrai de côté, je foulerai aux pieds, s'il le faut, les considérations mondaines, les préjugés et les conventions qui, d'ordinaire, sont des choses d'une si grande importance pour mon séxe. Je m'efforcerai de ne rien oublier et d'être sincère.

Je n'écris pas ces mémoires pour le public ; j'ignore et ne me soucie même pas de savoir s'ils seront jamais publiés : je ne les écris que pour moi-même, dans l'unique but de me distraire, de revivre, en quelque façon, en les écrivant.

Quoique mon existence ait été dépourvue d'événements romanesques, et bien qu'elle ressemble, à quelques menus détails près, à celle de beaucoup d'autres femmes, je pense qu'elle pourra les intéresser toutes.

Je m'estimerai trop heureuse si ces pages, dans lesquelles j'oserai dire ce que les personnes de mon sexe cachent d'habitude le plus soigneusement à autrui et parfois à elles-mêmes, après avoir été châtiées, un jour, où, tout au moins émondées par une plume plus autorisée que la mienne, ont le pouvoir, la Providence aidant, de préserver des fautes où je suis tombée et des peines que j'ai subies, quelques-unes des femmes qui ne craindront pas de les lire.

Je suis née à Paris, le 18 mars 1831, d'un père italien d'origine et d'une mère française. J'ai toujours conservé la plus grande vénération pour la mémoire de mon père. C'était un homme spirituel, parfaitement bon, tolérant, serviable, savant, plus réellement savant qu'on ne l'est aujourd'hui en Italie et même en France. Les travaux remarquables qu'il publia sur l'Anthropologie et l'Ethnographie, l'avaient placé de bonne heure à la tête de la génération des jeunes écrivains et professeurs qui, cultivant chacun différentes branches de la science, aspiraient à la haute réputation des Cuvier, des Geoffroy Saint-Hilaire et des Brongniart. Mon père faisait partie de toutes les sociétés savantes de l'Europe.

Il était particulièrement très fier de son titre de membre correspondant de l'Institut de France. Aussi loin que mes souvenirs se reportent, je vois sa fréquentation et son amitié recherchées par les hommes les plus distingués. Notre maison, qui était pleine, du haut en bas, de bouquins poudreux, de cartes de géographie, de plans en relief et de pièces anatomiques, ne désemplissait pas d'étrangers qui venaient consulter mon père sur les moindres problèmes concernant l'origine et la filiation des peuples, l'histoire naturelle de

1.

l'homme, les mœurs et les coutumes des différentes races humaines, problèmes qui les passion-
naient tous à un point que je ne saurais expliquer.
Comme j'étais l'aînée de mes frères et sœurs, mon
père m'avait prise en affection particulière, se figu-
rant, je ne sais pourquoi, que je pouvais, plus que
tout autre, m'intéresser à ses études.

La vérité était que je n'y comprenais pas grand'-
chose et, toute enfant, comme jeune fille, je les
admirais de confiance. Mon père représentait à
mes yeux ce qu'il y a de plus noble et de plus élevé
dans la créature.

Ce que je connaissais de la vie me donnait le
droit de le faire. Il avait sacrifié les trois quarts de
sa fortune patrimoniale, qui était considérable, dans
l'unique but de contribuer à l'affranchissement de
son pays. Exilé pour ses convictions politiques, il
était devenu Français par reconnaissance de l'hos-
pitalité qu'il avait reçue à Paris, mais il ne cessa
jamais de porter à sa terre natale, surtout à la
ville de Florence, berceau de sa famille, une religieuse affection. Je ne finirais pas si je me laissais
aller au plaisir de parler plus longtemps de mon
père.

J'abrège donc. Quoique nos revenus ne nous
permissent pas de faire grande figure et de recevoir d'autres personnes que quelques intimes,
notre maison passait, avec raison, grâce à l'esprit
de mon père et à l'amabilité de ma mère, pour
l'une des plus agréables de Paris. Toute ma vie
je me rappellerai, avec un indicible plaisir, nos

dîners de famille auxquels il était rare que ne fussent pas conviés quelques-uns des étrangers de distinction qui étaient de passage à Paris. La table était la grande dépense de mon père. Il était gourmet, sensuel, et il en convenait avec une bonne humeur charmante. C'était toujours à table qu'il savait le mieux faire briller tous ses avantages. Alors, quand nulle contrariété ne le préoccupait, que son esprit méridional et voltairien était légèrement excité par le vin du Midi, qu'il voyait alignées autour de lui les têtes joyeuses de sa petite famille, sûr de la bienveillance de son auditoire, lequel ne demandait qu'à s'amuser et à l'applaudir, il se laissait aller au plaisir de conter, et personne, mieux que lui, ne sut jamais tenir les oreilles sous le charme de sa parole.

Malheureusement, par moments, mon excellent père oubliait qu'il parlait devant ses cinq enfants, deux garçons et trois filles, dont l'une, — c'était moi — commençait à grandir et avait l'esprit ouvert à toutes les curiosités. Entraîné malgré lui par l'amusement de conter, cher aux professeurs, le savant laissait échapper des choses que nous ne comprenions guère, qui nous scandalisaient d'instinct, mes sœurs et moi, et qui mettaient notre mère au supplice.

Une des particularités qui contribuaient le plus à me faire chérir mon père, après son excessive bienveillance, c'est qu'il y avait entre lui et moi une foule de points de ressemblance et de contact. J'étais vraiment sa fille au physique et au moral. Cet homme de très haute taille, élégant de manières, aux traits doux, aux cheveux noirs, toujours soigneusement rasé, recherché dans sa mise, avec son air affable et spirituel, m'inspirait un orgueil mêlé de respect. Il avait voulu diriger lui-même les débuts de mon instruction, mais il s'y prenait mal, me faisant lire des livres auxquels il m'était impossible de rien comprendre. Il avait une préférence marquée pour moi. Mes deux sœurs en étaient jalouses; et mon institutrice, une respectable dame anglaise, de même que ma mère et mes deux tantes, ne cessaient de me taquiner à ce sujet.

Je voudrais bien parler de mon éducation. Malheureusement, mes souvenirs sont demeurés un peu confus à cet égard. Tout ce qu'il m'est possible de m'en rappeler aujourd'hui, c'est que le plus grand nombre de personnes qui m'entouraient semblaient s'être donné le mot pour me maintenir dans une ignorance absolue sur la différence des sexes. On aurait dit que le salut de ma vie était dans cette ignorance. Peut-être n'avait-on pas absolument tort.

Je ne serais pas femme si je n'aimais pas à parler de moi-même. Sans me vanter, je puis dire qu'à seize ans j'effaçais toutes mes compagnes. Il y avait surtout en moi une chose qui obligeait les personnes les plus indifférentes à me remarquer, c'était ma taille qui dépassait en hauteur, je pourrais ajouter « en élégance », tout ce qu'on avait vu jusqu'alors. Les plus longues, les

plus minces, les plus sveltes, les plus souples An-
glaises, résidant à Paris et partout, admirées par
leur grâce native, n'existaient pas, pour ainsi dire,
auprès de moi. Mon père, qui, en sa qualité de
membre de l'Institut, se plaisait aux comparai-
sons classiques, chaque fois qu'il me voyait assise
au milieu d'un cercle de jeunes filles, les dominant de toute la tête, disait invariablement que
je lui rappelais « la déesse Calypso parmi ses
nymphes ». Le fait est que ma taille me donnait
une supériorité d'une nature particulière, mais
incontestable, sur toutes les femmes. Ce qu'il y
eut toujours de plus remarquable, je n'ose pas
dire « de plus séduisant », en moi, c'est que tout
en demeurant très grande je sus toujours rester
très mince et sans maigreur. Même à trente ans,
âge auquel, assure-t-on, les femmes prennent toujours un peu d'embonpoint, on ne m'aurait pas
trouvé d'épaisseurs malséantes en aucune place de
mon corps. Mes pieds, comme mes mains, demeu-
rèrent toujours d'une finesse de forme et d'une délicatesse irréprochables. Mon corsage, « correcte-
ment modelé, disait mon père, sur celui d'Hébé »,
ne s'accentua jamais de manière à me faire élargir
mes robes d'un seul point. Il en fut de même de
mon cou, de mes épaules, de ma ceinture, de
toutes les autres parties de ma personne. J'avais,
comme j'ai encore, la peau extrêmement fine et
satinée, blanche et rose, d'un grain doux, qui
contrastait heureusement avec mes cheveux abon-
dants, soyeux et d'un noir bleuâtre, mes sourcils

et mes yeux également noirs. Les mauvaises langues disaient que j'avais la bouche trop grande ; mais mon père, qui était connaisseur en cette matière, puisqu'il avait pour spécialité d'étudier les races humaines, assurait que cette bouche, aux lèvres ondulées, épaisses et rouges comme le sang même, était pétrie de grâce et comme saturée de voluptueuse expression.

Il faut absolument que les femmes qui pourront lire ceci excusent la trop grande bienveillance de mon père. En sa qualité d'anthropologiste et quoique je ne représentasse pas, comme femme, le type qu'il préférait, il fut toujours très préoccupé de ma figure. Plus de cent fois il m'a répété que « la nature semblait avoir pris un certain plaisir à mettre deux âmes différentes sur mes traits ; l'une, élevée, entièrement détachée des choses matérielles, celles-là, disait-il, se voyait sur mon front lisse et mollement entouré de mes bandeaux noirs, dans la ligne droite et fine de mon nez, dans mes yeux à la fois tendres et fins, — c'est toujours mon père qui parle ; — ma seconde âme, ajoutait-il, un peu sensuelle, s'accusait sur mes lèvres dont j'ai déjà parlé, et dans la forme de mon menton qui était un peu large et comme partagé en deux, vers le milieu, par une ligne horizontale ».

La vérité, pour laisser de côté les poétiques effusions de mon père, c'est que dès l'âge de seize ans j'avais le visage plein et d'un bel ovale, sans bouffissures ni maigreur.

C'est que mon teint avait l'éclat et la fraîcheur qui font si bien valoir les yeux et les cheveux noirs, c'est enfin que mes traits les plus accentués étaient le menton et la bouche. Tout cela me composait une physionomie qui, m'a-t-on dit souvent plus tard, n'était pas sans charme.

Lorsque j'eus atteint seize ans, me sentant déjà femme et toute formée, je montrai quelque velléité d'indépendance. Ma mère qui m'aimait peu, étant jalouse de mes charmes naissants, et elle avait bien tort, car elle était charmante, la pauvre femme! ma mère, donc, commença à montrer contre moi une petite persécution des plus déloyales et des plus sournoises. Comme elle avait naturellement la haute main sur les moindres objets qui concernaient la toilette de ses filles, et comme mes sœurs étaient trop jeunes encore pour qu'elle daignât s'occuper d'elles, elle se plaisait à me faire porter les vêtements qu'elle supposait devoir le plus m'enlaidir, telles que des robes couleur abricot, ou des mantelets de soie verte, ou bien encore de tout petits chapeaux qui contrastaient le plus désagréablement du monde avec ma haute taille. Ces mauvais procédés, dont toutes les jeunes filles placées dans ma position ont dû, comme moi, être victimes, vont m'amener naturellement à dire quelques mots de ma mère.

Elle avait été et était encore, à trente-six ans, l'une des plus belles et des plus séduisantes femmes de son temps. Impossible de rencontrer plus de distinction servant à faire valoir plus de grâce,

une plus exquise amabilité unie à une plus parfaite beauté. Je puis en parler aujourd'hui en
toute liberté, puisque ma mère et moi nous ne
nous ressemblons pas, qu'elle était de moyenne
taille et que je suis grande, qu'elle était blonde et
que je suis brune : la main sur la conscience, je
ne crois pas que la nature ait jamais créé une
femme plus accomplie.

Ses épaules, ses bras, ses mains, ses jambes,
ses pieds, ses seins étaient autant de merveilles.
Elle avait des caresses plein les regards et plein
la voix. Mais ce qu'il y avait de plus attrayant en
elle, ce qui faisait d'elle, en réalité, une femme
sans pareille, c'était son air angélique et chaste,
je ne sais quelle fleur de pureté qui ennoblissait
son visage. Elle enchantait, elle fascinait par sa
démarche, comme par ses manières et par ses
traits. On aurait dit une madone de Raphaël.
Comme elle avait l'humeur facile et le caractère
enjoué, qu'elle aimait les hommages et n'en faisait aucun mystère, elle n'avait jamais manqué de
soupirants, ni même, à ce que j'appris depuis, de
galants.

Quoique je ne fusse à seize ans, qu'une enfant
sans malice et absolument innocente, il m'était
facile de voir que la conduite de cette mère, qui
avait l'air d'une sainte, n'était pas toujours exem-
plaire. Néanmoins, jusqu'alors, avec la meilleure
volonté du monde, il m'aurait été impossible d'arti-
culer contre elle, du moins en connaissance de
cause, un seul fait.

Mon père l'adorait. Ce n'était même pas de l'adoration qu'il avait pour elle, mais du fétichisme. Cet homme intelligent, ce lettré dont l'esprit cultivé me plongeait dans un perpétuel enchantement, était d'une faiblesse pour sa femme qui tenait du prodige. Quoi qu'elle fit, c'était bien fait.

La plus légère observation n'était pas permise. Elle avait les cheveux d'un blond cendré, les yeux bleus, les manières d'un ange, elle se balançait avec un certain air pudique en marchant ; cela suffisait. Après vingt ans de mariage, mon père était encore à ses pieds. Il lui aurait tout sacrifié : position, avenir, fortune, amis, ses enfants même ! et cela pour l'unique satisfaction de la voir sourire. Si le profond respect que je porte à la mémoire de mon père ne me retenait, je dirais que je ne crois pas qu'on ait jamais vu sur terre pareille dupe.

Orgon lui-même n'était rien auprès de mon père. De sa femme il avalait tout, les yeux fermés. Elle lui aurait mis de l'aloès dans la bouche, il aurait juré que c'était du sucre. Il ne pouvait douter qu'elle eut des amants, c'était par trop visible. Il en prenait stoïquement, presque joyeusement son parti, répétant à satiété, en toute occasion, que, pour rien au monde, il ne voudrait jamais causer le plus léger chagrin à sa femme. Étrange philosophie ! Il l'appelait parfois, en pleine table, devant ses domestiques et ses enfants, du nom de son amant en exercice.

Mais tout cela, quoique singulier, ne m'aurait rien été, si ma mère, qui naturellement, abusait de la passion de mon père, n'avait fait exactement tout ce qu'il fallait pour le ruiner.

Ce n'est pas qu'elle eût mis la maison sur le pied d'un train excessif. Il y avait bien quelques petites choses de plus que le nécessaire, mais cela ne valait pas la peine d'en parler. Ma mère n'avait point à se reprocher les dépenses de table, de beaux ameublements, de voitures et de chevaux qui prenaient les quatre cinquièmes de nos revenus. La dépense folle, permanente, ridicule, le vice, — c'en était un ! — de cette femme incomparable n'était autre que la toilette.

A une époque où le luxe était bien loin d'avoir atteint les proportions qui font tant crier aujourd'hui, où les gens les plus riches, s'inspirant de l'exemple de la cour du roi Louis-Philippe, se contentaient d'une existence des plus modestes, tout, chez nous, passait en nippes, en chiffons, tout s'en allait en belles lingeries, en satins, velours et dentelles. Les dentelles surtout était la passion de ma mère. Elle en mettait partout, à ses corsages, au dos de ses chemises de jour et de nuit, à ses camisoles et ses jupons. Je dois convenir immédiatement qu'elle avait un goût délicieux. Jamais aucune femme ne sût s'habiller comme elle. Elle employait toute son intelligence et tout son temps à faire la fortune des marchands de modes et des couturières. Dès le matin, en sortant du lit, elle se trouvait sous les armes. Ses pan-

touffes, ses bas, ses jarretières, ses jupons, ses ru-
bans de taille et de cou, tout était dans une har-
monie parfaite. On pouvait lever tous ses voiles,
on était sûr de ne rencontrer que des choses
délicieuses, dessus et dessous. Elle ne portait
jamais le moindre bijou. C'était son luxe. Je
renonce à décrire les différents costumes appro-
priés à chaque saison, qu'elle avait inventés pour
le lever, l'après-midi, la promenade, le dîner, le
théâtre, etc., etc. J'ai passé et je passe encore, non
sans raison, j'espère, pour l'une des femmes les
plus élégantes du monde parisien et je dois mes
succès autant à ma manière de me mettre qu'aux
agréments de ma personne. Eh bien, je le déclare
en toute sincérité, sous le rapport de l'élégance,
quoique j'aie été plus jolie que ne le fut jamais
ma mère, je n'existe point auprès d'elle. Je n'ai
pas le droit de me montrer trop sévère. J'adore
la toilette, j'ai fait en mon temps de folles dépenses, comme tant d'autres. Mon coup d'œil
passe pour infaillible. Mes moindres fantaisies
font encore la loi dans les salons. Cela ne me
hausse pas d'un cran au-dessus de celle qui res-
tera toujours comme un inimitable modèle à mes
yeux.

Aujourd'hui qu'elle n'est plus, je puis le dire
avec orgueil, c'était quelque chose d'inouï de la
voir, le matin, sortir de sa chambre à coucher,
avec ses yeux pudiques, sa tournure de vierge,
plus fraîche qu'une journée d'avril, mieux attifée
qu'un buisson en fleurs.

On l'aurait mangée toute vivante.

Moi-même, je prenais alors une sorte de voluptueux plaisir à l'embrasser.

Comme je venais d'avoir seize ans, étant déjà
toute formée, propre au mariage, ma mère, qui ne
se défiait point assez de mes juvéniles curiosités,
était en possession d'un amant que je ne pouvais
voir, même en peinture, et qui, sans doute afin de
ne pas donner de jalousie à sa belle amie, affectait
de montrer pour moi les sentiments les plus hos-
tiles.

M. Gobert, je dois l'avouer, quoiqu'il fût homme
du monde et riche, en aucun temps de ma vie
n'aurait été mon fait.

Il affichait une rigidité de principes et une austé-
rité de langage qui me semblaient absolument
incompatibles avec la qualité d'amant d'une femme
mariée. Ma mère, pour laquelle il réservait des
qualités cachées, le disait aimable; pour moi, il
m'était impossible de reconnaître en lui autre
chose qu'un pédant sot et prétentieux. Il avait la
manie de faire la leçon à mes sœurs et à moi; il
nous prêchait l'économie, comme si, à nos âges,
il nous eût été possible de faire des dépenses; il
avait même l'impudence de m'engager à me vêtir
avec simplicité, moi, pauvre et belle fille de seize
ans, obligée, par la jalousie de sa mère, à porter
des robes abricot, disant effrontément que « les
plus belles qualités des femmes étaient les qualités
du cœur et de l'âme ».

C'était à croire, ma parole d'honneur, que ce

grand imbécile de Tartufe poussait l'aveuglement encore plus loin que ma mère.

Cela lui allait bien, à lui dont la maîtresse dépensait cent mille francs par an pour se vêtir mieux qu'une princesse, de venir nous parler d'économie et de simplicité.

Chaque fois qu'il me rencontrait sur son chemin, cet homme pur ne manquait jamais de m'adresser quelque observation désobligeante.

Il disait à maman qu'il me trouvait laide. Et cela faisait pâmer d'aise la pauvre femme. Lui dire du mal de sa fille, n'était-ce pas la prendre par son faible?

Je travaillais habituellement à préparer mes leçons dans la salle à manger. Deux portes, qui se faisaient face, donnaient entrée dans cette pièce. L'une était celle de l'antichambre, l'autre celle de la chambre à coucher de ma mère. M. Gobert, quand il venait la voir, ce qui lui arrivait presque chaque jour, entrait par la première de ces portes, me faisait, en passant, un salut cérémonieux, s'éloignait par la porte de la chambre à coucher et j'entendais presque aussitôt le frou-frou de la robe de soie de ma mère qui s'approchait à pas de loup et donnait, bien discrètement, un tour de clef à la serrure.

Or, un dimanche matin, M. Gobert étant entré comme d'habitude chez maman, ce tour de clef, je ne sais pourquoi, ne fut pas donné, sans doute l'avait-on oublié ; et moi qui, depuis bien longtemps, me demandais vainement ce que ma mère

et M. Gobert pouvaient faire, enfermés ensemble,
je sentis, ce jour-là, ma curiosité décupler. Sans
bien me rendre compte de la portée de l'indiscrétion que je méditais, sans même prévoir à quel
point je pouvais être embarrassée de la découverte
que je voulais faire, je me levai, sans bruit, de la
place que j'occupais à ma salle de travail et m'ap-
prochai tout doucement de la serrure.

Me pencher, appuyant une main au montant de
la porte, braquer mon œil dans la direction
voulue pour voir ce qui se passait dans la
chambre à coucher furent l'affaire d'une seconde.
Mais je fus mal récompensée de mon manque de
discrétion. Je ne vis rien que des choses confuses,
ma mère qui semblait s'agiter, le visage tourné du
côté de la muraille. Rien de M. Gobert absolument,
et cependant il devait être là, n'étant pas parti.
L'impossibilité de rien comprendre au peu que je
voyais irritait cependant ma curiosité. Il faut se
rappeler que j'étais presque une femme, entièrement innocente cependant, ignorante, affamée de
connaître toutes les choses qu'on me cachait. Il est
bon aussi de savoir que, dans mes imaginations
les plus osées de jeune fille, j'étais à mille lieues
de soupçonner la réalité de ce que mon père, dans
son langage pittoresque, appelait « la gymnastique
de l'amour ».

Mon père, qui n'aimait point à se gêner, comme
on sait, disait parfois, à table, devant moi, des
choses qui me faisaient croire que, entre un
homme et une femme enfermés ensemble, il devait

y avoir un échange de caresses passionnées ; mais je ne songeais même point à approfondir ce qu'ils pouvaient faire de spécial.

Cependant, ce jour-là, je me sentais si bien aiguillonnée par la curiosité, qu'une tentation folle me saisit, et, sans réfléchir aux conséquences que pouvait avoir mon action, je tournai brusquement le bouton de la porte et j'entrai dans la chambre.

Ce que je vis me cloua au seuil. C'est à peine si j'eus la présence d'esprit de refermer la porte derrière moi. La chose était étrange, accablante, pour une jeune fille chastement élevée comme je l'étais.

Il me fut d'abord impossible d'y rien comprendre:

Tout au fond de la pièce, les jambes allongées, M. Gobert était assis sur une chaise posée contre la muraille, et ma mère, qui portait, pour la circonstance, une délicieuse robe de chambre en taffetas rose glacée d'argent, ma mère, ma sainte mère..... car comment dire sans mourir de honte, ou de rire..... ma mère, jupes retroussées, était à califourchon sur le vertueux M. Gobert.

Pétrifiée, scandalisée, j'étais restée en place, pouvant à peine respirer. Ni l'un ni l'autre ne bougeait, ni ne se dérangeait.

Ils devaient cependant me savoir là.

De ma place, je voyais les belles jambes de maman, découvertes jusqu'à mi-cuisses.

Elle avait ses deux bras languissamment posés sur les épaules de son amant.

Je ne pouvais voir son visage, mais je voyais très bien celui de M. Gobert. Il avait la face très rouge et les yeux tout blancs.

Je ne savais que faire de moi-même.

Je comprenais et ne comprenais rien.

Je n'osais ni avancer ni m'en aller.

J'étais là, droite, fixe, et les mains baissées, l'air fort sot, je suppose, et tout mon sang affluait au cœur.

Alors ma mère, sans se laisser désarçonner par ma présence, tourna tranquillement la tête sur l'épaule et me dit du ton le plus naturel :

— Que faites-vous ici? Retirez-vous?

Je sortis, écrasée de sa supériorité.

CHAPITRE II

Ma mère, comme on le pense bien, ne me pardonna jamais la position où je l'avais surprise. Comme on ne peut pas savoir jusqu'à quel point précis s'étend l'ignorance, ou la niaiserie ou même la rouerie d'une jeune fille, elle dut se demander avec une anxiété bien naturelle si j'avais compris ce qu'elle faisait dans la position que j'ai décrite, conjointement avec M. Gobert, ou plutôt dans quelle proportion j'avais dû comprendre. Jamais, tant qu'elle vécut, elle ne me fit le moindre reproche au sujet de mon indiscrétion, jamais elle n'y fit la moindre allusion. Son

2

attitude avait l'air de dire que « rien de particulier n'était arrivé, que je n'avais rien vu, rien deviné », et je dois avouer que, les circonstances étant données, cette conduite n'était pas du tout malhabile.

Mais ce ne fut pas sans une terreur instinctive que je la vis redoubler de cajoleries pour captiver l'affection de mon père. Chaque fois qu'elle se montrait ainsi démonstrative et plus que tendre, on pouvait être sûr qu'elle prenait ses précautions pour obtenir une chose qui coûtait au brave homme.

Cette fois, c'était moi qui devais payer les frais des tendresses maternelles. Voici comment :

Conseillée vraisemblablement par M. Gobert, qui se donnait pour un homme habile, ma mère, qui pouvait croire à une intention préméditée de ma part d'espionner ses actions, de la gêner même peut-être, — redoutant sans doute aussi d'être exposée à rougir devant moi, — ma mère, donc, pour vivre à sa guise, forma le dessein de se débarrasser de moi, de me faire sortir de la maison.

Mais la chose n'était pas facile. A seize ans, quoique toute formée, je ne pouvais encore être mariée, et d'ailleurs nous n'avions aucun soupirant sous la main. Elle s'avisa de dire que mon instruction n'avançait pas, à la maison, que j'étais paresseuse et ne songeais qu'à la toilette. De là à faire naître l'idée de m'envoyer dans une maison d'éducation, pour y compléter mes études

il n'y avait que l'épaisseur d'un mauvais sentiment, et c'était peu de chose pour une femme
qui vivait dans la dépendance de M. Gobert.
Mais, dans cette circonstance, ma mère devait
savoir qu'elle aurait deux résistances à vaincre,
la mienne et celle de mon père. Elle fit adroite-
ment tout ce qu'il fallait pour les faire plier toutes
deux.

Quoique je ne m'attendisse à rien de précis, je
sentais instinctivement qu'un orage était sur ma
tête. Ma mère se montrait trop bienveillante pour
moi, trop tendre pour mon père. Mes soupçons
devaient s'éveiller forcément. Quand nous étions à
table, tous réunis, le Gobert à sa droite, elle ne
laissait pas échapper une occasion de s'extasier
sur ma précoce intelligence. « J'étais le portrait
vivant de mon père », disait-elle, « il ne me manquait que de l'instruction. Il était bien fâcheux
qu'on n'eût pas eu l'idée, depuis longtemps, de me
faire passer quelques années dans une de ces maisons spécialement affectées à l'éducation des jeunes
personnes de bonne famille, comme on en trouve
dans toutes les capitales d'Europe, et surtout à
Paris. »

A cela, mon père répondait habituellement
« que l'idée n'était pas mauvaise, mais qu'il était
bien tard pour l'adopter, que j'avais seize ans et
qu'il faudrait bientôt songer à me marier ».

Le Gobert, à qui personne, même maman, du
moins devant moi, n'avait demandé son avis, découvrait alors imprudemment son jeu et se hâtait

de dire que, selon lui, il n'était jamais trop tard pour adopter une idée jugée bonne, qu'il était imprudent d'ailleurs de marier une jeune fille avant qu'elle eût au moins vingt ans accomplis.

— Pourquoi pas quarante ans ! ripostai-je un jour avec une naïve indignation.

— Aimée, me dit sévèrement mon père, tu viens de laisser échapper une belle occasion de ne pas parler.

Si les choses avaient dû se passer en discussions, je n'aurais eu que peu d'inquiétudes. Malheureusement, ma mère avait toujours une préférence marquée pour l'action. J'ai déjà dit qu'elle accablait mon père de démonstrations de tendresse. Chaque fois que je la voyais l'embrasser ou lui dire des flatteries, je me sentais frémir jusque dans la moelle des os. Un matin, comme mes sœurs et moi entrions dans sa chambre, selon notre habitude, pour lui souhaiter le bonjour, je fus très effrayée de trouver le lit vide.

Les draps étaient tout froids et n'avaient pas été foulés. Comme nous restions là à nous regarder, nous vîmes notre belle maman plus fraîche, plus rose, plus jolie, mieux épanouie que jamais, qui sortait de la chambre de notre père. Elle était en chemise, nu-pieds, et portait sous le bras son oreiller garni de dentelles. Depuis plus de seize ans que j'étais au monde, c'était la première fois qu'il m'arrivait, à l'exception de l'incident Gobert, de prendre ainsi ma mère pour ainsi dire « sur le fait ». Ce matin-là, confuse de mon

peu de chance, pendant que mes deux sœurs se
jetaient au cou de maman, je tournai les talons
un peu vite, et, quand je fus rentrée dans ma
chambre, je me laissai tomber sur une chaise et
je m'écriai :

— Je suis cuite!

J'étais cuite, en effet, et bien plus cuite encore
que je n'aurais jamais eu l'idée de le soupçonner.
Le même jour, immédiatement après le déjeuner,
mon père me fit appeler dans sa bibliothèque, et,
dès que j'y entrai, je vis à ses manières qu'il avait
une confession pénible à me faire.

Il m'avait fait asseoir sur ses genoux, me tapo-
tait les joues de la main, m'embrassait. — Ma
grande et belle fillette, me dit-il enfin, je fais appel
à ton affection pour moi : j'espère que tu vas être
raisonnable. — Est-ce que je ne le suis pas toujours, papa?

— Si, mais en cette occasion, il faut l'être plus
que jamais.

— Quelle occasion?

— Tu ne fais rien ici, tu perds ton temps. Ton
instruction n'avance pas. Tu ne t'occupes que de
musique et de chiffons.

Et comme il vit que j'allais interrompre la leçon
qu'il avait apprise sur l'oreiller :

— Ta mère et moi, nous avons décidé, reprit-il,
que tu entrerais au couvent. Oh! seulement,
ajouta-t-il, d'une voix tremblante d'émotion, seulement jusqu'au jour de ton mariage. C'est l'affaire
de deux ou trois ans.

Je m'étais méprise à ce mot de « couvent ».

— Comment pourrai-je me marier si tu me fais religieuse? lui dis-je en pleurant.

L'excellent homme pleurait avec moi : il me serra contre son cœur, s'efforça de me rassurer, m'expliqua, non sans embarras, qu'il ne s'agissait pas de prendre le voile, mais d'entrer dans une maison d'éducation pour y achever mes études. Il était évident pour moi que mon pauvre père était honteux et malheureux du rôle qu'on lui faisait jouer. Ce qui me révoltait le plus, c'était de voir que nous étions tous deux victimes de cet affreux Tartufe de Gobert.

Cependant je ne voulais pas le dire à mon père. Je serais plutôt morte que de prononcer un mot qui pût éveiller ses soupçons. Mais j'étais si profondément ulcérée de la conduite de ma mère que je ne pus retenir un cri du cœur, un cri trivial, peut-être, mais que toutes les femmes comprendront : — Hélas! dis-je, la larme à l'œil, mes sœurs, qui ont dix et douze ans, qui savent à peine lire, restent à la maison. Moi, qui en ai seize, on me chasse. C'était pourtant assez de porter des robes abricot !

Mon père avait toute la finesse d'un Florentin. Il dut comprendre l'allusion.

— Ma belle Aimée, dit-il en se levant, tu entreras au couvent demain, et, ce faisant, tu rempliras de joie le cœur de ton père.

Les préventions que j'avais contre le couvent s'évanouirent toutes dès que je me vis installée

dans celui que mon père m'avait choisi. Je ne
trouve pas utile de le nommer. Je me contenterai
de dire qu'il était l'une des maisons d'éducation les
plus aristocratiques du faubourg Saint-Germain.
Les noms les plus brillants, les plus grands noms
de la noblesse de toute l'Europe étaient partout
inscrits sur les tableaux d'honneur. Moi, qui
n'étais que la fille aînée d'un pauvre comte italien
exilé, je me sentais toute petite dans cette noble
compagnie. Néanmoins, je n'eus pas à me plaindre
de l'accueil qui me fut fait. Ma grande taille,
l'éclat de mon teint produisaient leur effet ordinaire. On me trouva très belle.

On s'étonnait que mes parents aient eu si tard
l'idée de me mettre au couvent. Je ne me rappelle
pas si j'ai dit que, dès mon enfance, j'avais montré les dispositions les plus heureuses pour la
musique et que la nature m'avait douée d'une
remarquable voix de contralto.

Cette voix était ronde, mélodieusement timbrée,
très expressive. Ma mère s'en souciait peu, car elle
n'aimait pas la musique ; mais elle faisait l'orgueil
et la joie de mon père. Elle me valut l'affection de
toutes les bonnes sœurs et de mes compagnes.
L'organiste du couvent étant tombé subitement
malade, je m'offris pour le remplacer, et, le
dimanche suivant, à la messe, sans prévenir personne, m'étant mise à chanter avec toute mon
âme l'*Ave Marie Stella*, de Pergolèse, j'obtins un
tel succès qu'on faillit m'applaudir.

En peu de temps, je me trouvai si bien à mon

couvent, tout y était si confortable, si propre, si élégant même, on y avait si ingénieusement disposé toutes choses en vue de l'agrément des élèves comme de leur instruction, que je ne tardai pas à sécher mes pleurs et à regretter de moins en moins la maison maternelle.

Tous les parquets étaient cirés, frottés, toutes les vitres reluisantes. On avait prodigué les bois de palissandre, de citronnier et d'acajou pour confectionner les tables de travail, les pupitres et les chaises des surveillantes.

Aucune image ne saurait donner une idée de l'ordre et des raffinements de propreté qu'il y avait dans les dortoirs, les cabinets de toilette et les bains.

On trouvait des miroirs partout. Le préau, je ferais mieux de dire « le jardin », était plein des plantes les plus rares. Tout le linge de table était renouvelé à chaque repas. Enfin, l'ensemble de la maison comme les moindres objets relatifs à son appropriation avaient très grand air. Les élèves disaient entre elles :

— Notre couvent est un couvent chic.

Je serai sobre de détails sur ce qui concernait l'instruction. Cette instruction était ce qu'elle devait être, s'appliquant à des jeunes filles riches : tous les arts d'agrément, la musique, la danse, le dessin y étaient cultivés avec un égal succès. Je ne crois pas avoir besoin de dire que la règle était très sévère, surtout en ce qui concernait les devoirs religieux. Les fondatrices de la maison semblaient s'être proposé pour but de former des élèves parfaites.

Il ne suffisait point, en effet, quand on les remettait à leur famille, qu'elles fussent bonnes, pieuses, instruites, dévouées, qu'elles eussent toutes les qualités du cœur, de l'âme et de l'esprit.

Il fallait qu'elles fussent avant tout et par-dessus tout « femmes du monde ».

Malheureusement, il suffit d'une brebis galeuse pour gâter un troupeau. Le troupeau de mes jeunes et belles compagnes avait été gâté par l'une d'entre elles. Mais il me faut entrer ici dans quelques explications préliminaires.

Notre salle d'études était une très vaste pièce, haute de plafond, qui ne contenait guère moins de trois cents élèves. Tout autour de la salle, il y avait une rangée de banquettes pourvues de dossiers et couvertes de velours vert. Les tables de travail, en acajou et garnies de pupitres, s'étendaient devant ces banquettes. Elles ne reposaient pas sur des pieds, mais sur des pans de bois formant cloison, de telle sorte que chacune de nous avait les jambes enfermées par devant et sur les côtés, ce qui nous préservait des vents coulis.

Le chat de la maison pouvait ainsi, sous prétexte de chercher des souris qui n'existaient pas, parcourir d'une traite l'espèce de couloir couvert qui passait sous les tables, sans que la surveillante, assise dans sa chaire et dominant nos têtes du regard, pût l'apercevoir.

Ces explications étaient utiles pour faire com-

prendre l'événement dont le récit suivra bientôt.
Mais il me faut d'abord parler de mes voisines.
Celle de droite était une grande blonde, aux belles
chairs, d'environ dix-huit ans, qui, avec ses yeux
bleus, la couronne formée par une natte de ses
cheveux d'or qui lui descendaient sur le front et
sa bouche pure, avait un air chaste, inspiré. On
l'aurait crue toujours plongée dans le *Ciel*. Elle se
nommait Aglaé ; on l'avait surnommée la « Muse »,
à cause de sa figure poétique.

A partir d'Aglaé, et toujours à ma droite,
étaient placées toutes les élèves les plus grandes.
De ma place, en portant les yeux de ce côté,
j'apercevais une longue et gracieuse ligne de cous
penchés, de chignons relevés, de belles mains, de
jolis profils, de gorges mouvantes.

Immédiatement à ma gauche se trouvait une
toute jeune fille, d'origine espagnole, et qui portait
le nom de Carmen. Elle était de taille petite, très
remuante, vive, malicieuse, extrêmement brune,
avec de beaux yeux noirs, des lèvres épaisses, une
véritable forêt de cheveux noirs, et un très fin
duvet, également noir, qui couvrait ses joues roses
et donnait à sa physionomie spirituelle, éveillée,
un caractère d'étrangeté.

Un jour..... je vais décrire ici l'une des aventures les plus délicates de mon existence, et il me
faut user d'une précaution infinie pour la rendre
acceptable, quoiqu'elle soit des plus banales. Un
jour donc, j'étais fort occupée à travailler, le
corps penché sur mon pupitre, lorsque je remar-

quai chez ma voisine de droite, la poétique et blonde Aglaé, des mouvements qui me parurent extraordinaires.

Elle s'agitait sur son siège, sa gorge se soulevait et s'abaissait, son visage était rouge jusqu'à la racine des cheveux, elle respirait avec effort, et, avec une persistance singulière, elle tenait les yeux fixés à terre, entre ses deux pieds. Ce qu'il y avait de plus singulier, c'est que la plupart des voisines d'Aglaé semblaient s'apercevoir de son émotion, et cependant, comme par un accord tacite, aucune d'elles ne faisait et ne disait rien qui pût attirer l'attention sur la belle fille. Cela m'intriguait.

Je voulus pénétrer la cause de l'agitation intérieure qui empourprait le visage, habituellement pudique, de la « Muse », et, laissant à dessein tomber mon mouchoir, je me baissai pour le ramasser... et pour regarder. Ce que je vis me causa une telle stupeur que je me mis soudain à trembler. Aglaé, dont les jambes, ainsi que celles de nous toutes, étaient complètement entourées par les boiseries de la table de travail, avait les jupes relevées et, par terre, entre ses deux pieds, la petite Carmen était assise, plus rouge encore que sa camarade, et passionnément occupée à caresser d'une main experte les charmes mystérieux, impudiquement exposés à quelques pouces de son visage.

La surveillante, assise dans sa chaire, n'y pouvait rien voir.

Si je n'avais été complètement abasourdie par l'indécence et l'inattendu de ce spectacle, je conviens que j'aurais pu essayer de descendre en moi-même, interroger mon âme, tenter peut-être de dominer mes sens qui, sous l'empire d'une sorte de contagion malsaine, ne demandaient alors qu'à s'éveiller. Je n'eus pas le temps de le faire. Une sorte de convulsion venait d'agiter les membres d'Aglaé. Elle se renversa en arrière, ses jupes retombèrent sur ses pieds. La petite Carmen, en se traînant à terre à l'abri des regards, regagna sa place. C'était fini. Mais j'étais si fort consternée que je ne dormis pas de la nuit.

Je n'eus même pas l'idée de parler à âme qui vive de la petite scène de débauche juvénile dont j'avais été le témoin involontaire. Mais aux airs mystérieux et aux chuchotements de mes camarades, je compris que je n'avais pas été la seule à voir ou à deviner ce qui s'était passé. Une chose me confirma dans cette idée, c'est que la petite Carmen, que tout le monde, habituellement, gâtait et caressait pour ses malices et sa beauté, fut assez maltraitée le lendemain par le banc des grandes. « Petite sale ! Petite vilaine ! » lui disait-on. Et on lui décochait des coups de pied. La gamine en riait, tirait la langue. (Cette enfant ne comptait pas plus de douze à treize ans.) J'appris, depuis, que c'était elle qui, avec ses mauvaises mœurs, avait corrompu notre couvent. Tout y aurait été parfait sans elle.

Carmen s'était-elle doutée que j'avais surpris

le secret de son aventure? ou voulait-elle m'entraîner simplement dans ses petites turpitudes? Le fait est que, le lendemain, posant sa plume, comme elle travaillait auprès de moi, elle me prit gracieusement par la taille, et, se penchant à mon oreille : « Veux-tu, mon cœur, dit-elle en me caressant l'oreille de son souffle, que je te fasse comme je faisais hier à Aglaé? »

Tout mon sang s'était glacé dans mes veines. Je croyais que c'était le démon lui-même qui avait pris les traits et la voix de Carmen pour me tenter.

Cependant, il fallait répondre.

— Cela t'amuserait donc bien? lui demandai-je,

— Oui. Je n'aime rien autant que d'être fourrée sous les jupes des grandes.

— Pourquoi pas aussi des petites?

— Elles ne sont pas aussi bien faites.

— Mais...

J'hésitais. Je ressentais une peur instinctive. La curiosité me poussait.

— Mais, repris-je, cela me ferait-il plaisir, à moi?

— Demande-le à Aglaé. C'est le ciel.

J'étais déjà perdue. Je n'hésitais plus.

Je n'étais d'ailleurs, ce jour-là, que trop disposée au plaisir par la contagion de l'exemple. Quoique je fusse d'un tempérament fort paisible, la première leçon de volupté que j'avais reçue la veille avait développé en moi de soudains appétits.

Carmen s'était enfoncée sous la table de travail.
Tout à coup, je sentis un froid de glace me saisir
les jambes. Mes jupes avaient été relevées. En me
renversant en arrière, j'apercevais la tête rieuse
de Carmen assise à terre.

Elle avait appuyé sa joue contre l'un de mes
genoux, et elle me prodiguait les mêmes caresses
que je l'avais vue, la veille, à ma grande stupéfaction, faire à Aglaé. Mais, alors, je n'avais même
plus lieu d'être stupéfaite.

Un sensation inconnue, extraordinaire, s'était
peu à peu emparée de tout mon être. Je me sentais les membres accablés et j'avais le cerveau en
feu. Mes lèvres et ma langue seules étaient froides
comme la mort même. Je m'arrête. Aussi bien, je
ne saurais reproduire exactement et complètement
la sensation aussi pénétrante qu'effrayante qui me
possédait tout entière. Ce que je me rappelle, c'est
que, plus qu'Aglaé, je devais sembler à Carmen
bien gauche, bien sotte. Mon innocence me gênait.

Toute la classe avait les regards sur moi. On
chuchotait. On se poussait le coude.

Les larmes me montaient aux yeux.

Je finis par me lever de ma place et me sauver
dans le préau, terrifiée qu'il y eut tant de témoins
de ma honte. Si j'avais su, alors ! Toutes celles
dont les regards me semblaient autant de poi-
gnants reproches avaient passé par les mains de
Carmen avant moi.

C'est ainsi que je perdis la première fleur de
mon innocence et que le tranquille tempérament

que j'avais reçu de la nature, en venant au monde,
me révéla, pour la première fois, qui fut presque
la seule dans toute ma vie, les mystères de ma
condition de femme.

Heureusement pour moi, je n'avais pas, je ne
ressentis jamais les dévorantes passions qui sont
pourtant, assure-t-on, comme la marque indélébile
des races méridionales. Si je n'avais été si calme,
je n'ose dire « si sage », j'aurais sans doute été
victime de grands maux. La jolie et vicieuse petite
Carmen, à ce que j'appris plus tard, mourut à
seize ans, idiote et rachitique.

Qui l'aurait cru, en la voyant!

Je succombai encore, de loin en loin, m'aban-
donnant au vice mignon qui moissonne dans leur
fleur tant de jeunes filles ; mais, je dois l'avouer,
je succombai beaucoup plus par paresse, par
impossibilité de résister, que par inclination. Il
faut dire aussi que mon couvent était bien mer-
veilleusement choisi pour développer le penchant
auquel j'attribue la mauvaise direction que prennent tant de jeunes femmes. Grâce à Carmen, le
vice y existait et s'y prélassait, comme dans son
domaine. Tout au fond du jardin, dans un angle,
sur une butte formée de rochers factices et que
de hauts arbres ombrageaient, on avait élevé un
calvaire, dont tous les personnages étaient de
grandeur naturelle. En arrière, sur des bancs, par
les belles soirées d'été, loin des regards curieux,
pendant que les sœurs surveillantes étaient à la
chapelle, nous nous placions toutes en ligne, les

grandes confondues avec les petites, et nous nous livrions en toute sécurité à nos habitudes funestes.

. . . .

Deux hommes, deux grands écrivains, Jean-Jacques Rousseau et Châteaubriand, chacun d'eux se plaçant à un point de vue différent, ont eu le rare courage de raconter dans leurs Mémoires, et d'après l'observation qu'ils en avaient faite sur eux-mêmes, les effets du même vice chez les jeunes garçons. Aucune femme, jamais, à ma connaissance du moins. ni même aucun homme, n'avait eu jusqu'ici l'idée de le décrire, en en faisant l'application aux jeunes filles. Cependant, il est avéré pour toutes les femmes qui ont été élevées dans une institution quelconque, de même que pour tous les hommes, maris, amants, etc., etc., à qui elles ont cru devoir le confier, que ce vice fait partout les plus grands ravages. On affecte, je ne sais pourquoi, de n'en point parler, mais personne n'ignore la chose. C'est le secret de la comédie. Si j'avais le talent et les connaissances de mon père, je pourrais essayer d'exprimer ici de façon sérieuse, c'est-à-dire scientifiquement, les pensées que ce déplorable fait, depuis longtemps déjà, fit naître en mon esprit.

Mais je le sens trop bien, quoi que je dise ou quoi que je fasse, je ne pourrai jamais passer auprès d'aucune des personnes qui seront appelées à lire ces mémoires pour un écrivain moraliste.

Encore moins pour un physiologiste.

Je me contenterai donc tout simplement de

poursuivre tranquillement la tâche que j'ai entreprise, laissant à mes lecteurs, si j'en ai, le soin de tirer les conséquences des faits que j'énonce. Chacun d'eux, il est vrai, comme il arrive d'habitude, ne le fera qu'en se plaçant exclusivement au point de vue de son propre caractère, de ses goûts, surtout de ses convictions faites d'avance et enfin de ses intérêts. C'est la loi de ce monde; je le constate et je m'en console.

Longtemps après avoir quitté le couvent, lorsque je fus mariée, il m'arriva souvent de rencontrer dans le monde quelques-unes des anciennes compagnes de mes débauches juvéniles. Quand je les retrouvais mariées, mères, occupant les plus hautes positions sociales, et que je me rappelais ce que nous avions fait ensemble si longtemps, si souvent, et quelques-unes de si bon cœur, j'en pouvais à peine croire mes souvenirs.

Ils ne me trompaient pas, cependant.

Nos liens de couvent, malgré leur caractère particulier, n'établissaient jamais entre nous ni rivalité, ni intimité. Nous demeurâmes toujours étrangères, indifférentes les unes pour les autres.

Sans oublier ce qui s'était passé, nous n'y faisions jamais la moindre allusion. Cela n'existait pas pour nous. Et la cause en est simple : nous avions toutes alors d'autres intérêts, d'autres passions. Nos souvenirs n'auraient pu que nous gêner. Nous les supprimions.

Lorsque j'eus dix-neuf ans, mon père vint me chercher un jour et m'annonça, en m'embrassant, sans autre préambule, qu'il me retirait du couvent.

Mais une grande surprise m'attendait à ma rentrée dans la maison de ma famille. Ma mère, déjà mère de cinq enfants, comme on le sait, qui avait alors quarante ans et me parut toujours charmante, était enceinte.

CHAPITRE III

La grossesse de ma mère, qui était déjà assez
avancée, me fit voir sous un jour nouveau les
trois personnes qu'elle intéressait le plus. Mon
excellent père avait l'air timide et honteux. Si je
ne l'avais connu pour un homme extrêmement
spirituel, j'aurais cru, à sa mine, qu'il voulait se
faire pardonner une peccadille dont il rougissait.
Mais il avait bien trop d'esprit pour se croire coupable, à soixante ans passés, du nouveau rejeton
qui allait lui naître. L'attitude de ma mère avait
quelque chose de gêné et de touchant. Il est évident que sa pudeur souffrait de montrer au public

pour la sixième fois, qu'elle s'était laissée endoctriner par un homme.

Quant au Gobert, il rayonnait. Pour un rien, si on l'eût laissé faire, il aurait mis un écriteau à son chapeau portant ces mots, en grandes lettres : « C'est moi qui suis l'auteur de l'aimable délit. »

Si j'avais été homme, je l'aurais giflé !

Une chose me surprenait, chez ma mère, plus encore que sa grossesse.

Elle qui m'avait éloignée de sa maison parce que mes charmes de seize ans lui portaient ombrage, comment n'avait-elle point hésité à me la rouvrir quand j'avais dix-neuf ans et que j'étais dans toute l'efflorescence luxuriante de ma beauté? Loin de se montrer jalouse maintenant, elle paraissait fière de moi, se faisait une fête de me produire.

Je me cassai longtemps la tête à chercher la cause de cette singularité. Cette cause était cependant bien simple : mon excellente mère ne pouvait rien opposer à une chose irrémédiable et en avait tout bonnement pris son parti. Cette année, nous n'attendîmes pas l'époque des vacances comme d'habitude, pour aller nous installer à la campagne.

Ma mère ne cessait de se plaindre de la fatigue que lui causait sa grossesse.

On aurait juré, à l'entendre, que c'était la première fois qu'elle se trouvait dans une situation intéressante.

Un peu de fausse honte s'ajoutait à ses maux,

vrais ou supposés, pour l'engager à quitter Paris.
Il fut donc décidé qu'elle ferait ses couches dans
notre château de Galardon, où s'était écoulée la
plus grande partie de mon enfance. Nous partîmes
vers la fin de l'été. M. Gobert et mes deux tantes
paternelles étaient du voyage. Je n'ai jamais eu
les goûts bucoliques ; néanmoins, cette fois, ce ne
fut pas sans un très vif plaisir que je me retrou-
vai dans le vieux château féodal, entouré d'eaux
vives. Toute mauvaise pensée à part, mon couvent me manquait un peu, par moments. Je
regrettais mes études musicales et, de même
parfois, la société de mes compagnes. Mon père,
qui, en sa qualité de naturaliste, adorait les
champs, me promenait souvent dans le parc, me
faisant admirer la hauteur et la beauté des sapins
centenaires.

Et puis il me menait visiter le verger qu'il avait
créé et qui était rempli des arbres fruitiers les plus
rares. Mes deux sœurs, pendant ce temps-là,
s'ébattaient sur les pelouses avec mes frères, sous
la surveillance de nos tantes, et ma mère, en grande
toilette, accompagnée de M. Gobert, qui portait
son pliant, son tabouret et son ombrelle, traînait
l'interminable queue de sa robe sur le sable de la
terrasse.

Chacun de nous faisait tous ses efforts pour ne
pas se laisser gagner par l'ennui. Nous sortions
en voiture, nous montions à cheval, nous faisions des parties de chasse et de pêche. Nous
avions d'aimables voisins qui venaient nous voir.

3.

Nous changions jusqu'à trois ou quatre fois de costume par jour. Enfin, notre existence était supportable.

Vers le milieu du mois de septembre arriva au château une nouvelle qui me transporta de joie.

Mon cousin Alfred allait venir nous rejoindre et passer avec nous la fin de la saison. Il faut ici que je dise quelques mots de ce cousin. Il était fils unique de celle des sœurs de mon père que nous appelions tous, à la maison, « ma tante Aurore », parce qu'elle ressemblait trait pour trait à l'actrice qui remplissait le rôle de ce nom dans je ne sais quel opéra-comique. Alfred et moi nous avions été élevés ensemble. Étant si proches parents, presque du même âge, — Alfred n'avait qu'un an de plus que moi, — nous ne nous étions, pour ainsi dire, pas quittés durant notre enfance.

Les soins qu'il avait fallu donner à nos éducations respectives nous avaient seuls séparés. J'aimais beaucoup Alfred. Je ne l'avais pas vu depuis mon entrée au couvent. Je me souvenais encore, avec émotion, que, tout enfant, je l'appelais « mon petit mari »; lui me nommait « sa petite femme ». Nous avions été élevés dans l'idée que nous étions destinés l'un à l'autre. Nos mères, nous voyant nous caresser, dès l'âge de trois ans, le plus gentiment du monde, avec toute sorte de petites mines gracieuses, nous comparaient à Paul et Virginie..... Maintenant, on me disait que les études d'Alfred étaient faites et complètes, qu'il avait grandi, pris

des forces, était devenu homme. Mon père même
le critiquait, grondait sa sœur devant nous tous,
à table, lui soutenant qu'Alfred s'était émancipé
trop vite, qu'il avait fait de « mauvaises connaissances ». A vingt ans, il sortait chaque jour, tout
seul, et dans Paris, en tilbury ou à cheval ; il
allait au bois de Boulogne faire le gandin, était
membre d'un cercle, jouait, perdait, pariait aux
courses, faisait des dettes. Enfin, et c'était là le
comble, il avait des maîtresses.

Il avait des maîtresses ! Et mon père, et ma mère,
et ma tante elle-même, en parlaient si librement
devant moi, comme d'une chose toute simple et
indifférente. Le seul M. Gobert, à ce gros vilain
mot de « maîtresses », baissait pudiquement les
yeux sur son assiette.

M. Gobert, dans ses paroles, était exactement
l'opposé de mon père. L'expression la plus ordinaire, la plus courante, le choquait. On aurait
dit qu'il n'avait pas eu de jeunesse, était venu au
monde avec sa cravate et son air gourmé. Maman
malheureusement, qui l'admirait tant, après avoir
été, toute sa vie, d'une tolérance parfaite, à l'imita-
tion de mon père, finit par adopter les scrupules les
plus ridicules de son amant. Mais je reviens à mon
cousin.

Je ne me possédais déjà plus, tant j'avais hâte
de le revoir. Ma mère le critiquait trop. Elle disait
qu'il était « un franc mauvais sujet ». Chose
étrange ! la seule idée des maîtresses d'Alfred me
faisait de la peine et me rendait fière.

Un matin, comme je venais de quitter ma
chambre et entrais au salon, — c'était l'heure du
déjeuner, — un jeune homme qui se tenait assis
sur un canapé, auprès de ma mère, se leva en
m'apercevant, vint à moi, puis, tout à coup, sans
dire gare, me sauta au cou.

C'était lui, mon cœur me le dit. Quand je fus
parvenue à me dégager de son étreinte, encore
toute honteuse d'avoir été menée si lestement,
je le regardai à loisir. Combien je le trouvai
changé !

Il avait toujours les mêmes cheveux blonds, bou-
clés, les mêmes yeux bleus, le même teint clair et
ce je ne sais quoi d'aimable et de doux qui m'avait
jadis plu en lui. Mais il avait aussi, en plus, de
fines moustaches et des favoris.

Autrefois, on le plaisantait sur sa petite taille.
Maintenant ses épaules étaient larges, sa ceinture
paraissait bien prise. Il me semblait qu'il avait les
bras forts et la voix mâle.

Quelque chose d'énergique et de résolu, qui
n'était pas absolument désagréable, apparaissait
dans toute sa personne.

Enfin, c'était un homme. Je remarquai, non sans
plaisir, qu'il était soigné dans sa mise, qu'il avait
les ongles bien faits.

La première impression que mon cousin fit sur
moi avait été bonne. Un semaine à peine après
son arrivée au château, je devais éprouver un cruel
désenchantement. C'était le soir. Le dîner venait de
finir. Nous étions tous réunis dans le grand salon,

au rez-de-chaussée, autour d'une table, les hommes lisant le journal, les femmes travaillant à l'aiguille. Une grosse lampe nous éclairait. En levant la tête, par hasard, je fus frappée de voir la lune, alors très large et dans son plein, briller d'un éclat magnifique sur les vitres de la porte et de la fenêtre.

La lumière qu'elle projetait était si vive qu'elle éclairait toute la pièce.

Je me levai, sans trop me rendre compte du désir qui venait de naître en moi, et, posant ma broderie, je proposai à ma mère de faire un tour de parc pour jouir de la beauté de la soirée.

M. Gobert, à cette proposition, fit la grimace.

— Pour attraper un rhume, dit-il ; n'y allez pas, madame.

— Non, non, je n'irai pas, répondit ma mère ; il faut que tu sois folle, Aimée, pour avoir de telles idées.

Naturellement, personne ne voulut se décider à m'accompagner. Chacun craignait le froid, le serein, que sais-je ? Comme il n'était pas facile, cependant, de m'empêcher d'exécuter un dessein que j'avais en tête, je continuai à m'acheminer vers la porte.

— Prends donc un châle, au moins, entêtée, me dit mon père.

Le châle était déjà sur mes épaules lorsque ma mère, se tournant vers mon cousin, lui dit :

— Alfred, fais-moi le plaisir d'accompagner ta cousine. Je ne trouve ni prudent ni même convenable qu'elle s'en aille ainsi seule dans le parc, à une pareille heure.

Alfred s'était levé sans dire un mot. Et moi, qui tenais déjà sous la main le bouton de la porte, je ne lui adressai pas une parole pour l'encourager à me suivre. Depuis quelques jours, je n'étais pas contente de l'attitude et des manières de mon cousin. Il me semblait qu'il n'avait point assez d'égards pour moi, me traitait trop en camarade. Ce même soir surtout, feignant de lire, assis en face de moi, de l'autre côté de la table, il n'avait presque pas cessé de m'adresser des regards que je trouvais alors trop gouailleurs et irrévérencieux, — aujourd'hui que j'ai un peu plus d'expérience, je les qualifierais de « libertins ». Bref, il me fut très désagréable de le voir me suivre; j'étais mal disposée ; j'avais comme un pressentiment que la poétique promenade que je voulais faire allait être toute gâtée.

Il y avait dans le parc de Galardon une longue et large avenue de coudriers qui, partant de la terrasse, juste en face la porte d'honneur du salon, s'en allait aboutir à un pavillon de repos entouré de fleurs.

J'avais eu, de tout temps, une prédilection particulière pour cette avenue ombreuse et mystérieuse dont les arbres, se rejoignant et entre-croisant leurs rameaux à vingt pieds en l'air, formaient une sorte de longue voûte verdoyante et pleine de murmures. De distance en distance, dans une sorte de niche ou de renfoncement de la

charmille, une blanche statue de marbre, représentant une nymphe ou une bacchante, s'élevait
sur son piédestal. Il y avait aussi quelques bancs
de pierre. Je ne crois pas qu'on puisse rencontrer
rien de plus caractéristique et de plus monumental
nulle part que cette avenue de vieux coudriers,
même à Versailles.

Un grand silence régnait au dehors et la lune
était toujours très brillante. Alfred avait commencé par m'offrir galamment son bras. Je crus
devoir le refuser, en souvenir de ses mauvais
regards. Lorsque nous eûmes fait quelques pas,
sans rien nous dire, il s'approcha, et, tout à coup,
comme s'il n'avait même pas eu la pensée qu'il
pouvait m'offenser, il me passa le bras autour de
la taille, privauté singulière que, jusqu'alors, il ne
s'était jamais permise. Après cela, voyant que je
ne disais rien, il commença à me faire, tout en
marchant, d'affectueux reproches sur ce qu'il
appelait « mon inexplicable froideur ».

Je me sentais assez embarrassée pour lui
répondre, étant mécontente de lui, mais cependant n'ayant, en somme, rien de grave à lui
reprocher.

Cela fit que je continuai à marcher à petits pas
auprès de lui, tenant les yeux baissés et ne pro-
nonçant pas une parole. Je ne puis deviner à quoi
il attribua mon silence, mais le fait est qu'il
s'enhardit. Son bras me pressa plus fortement, de
la main qu'il avait de libre, il s'empara de l'une
des miennes, et enfin, tout en cheminant, il com-

mença, à ma grande stupéfaction, à me tenir le langage le plus passionné.

A l'entendre, « il m'aimait de toutes les forces de son âme, il n'avait jamais aimé, il ne voulait jamais aimer que moi. J'avais été la douce, poétique et ravissante compagne de son enfance. Il espérait que je serais celle de toute sa vie ».

Le discours me plaisait, mais les attouchements, qui continuaient grand train, me mettaient au supplice.

Je lui dis :

— Si tu es sincère, ton bonheur ne dépend que de toi-même. Tu n'as qu'à demander ma main à mon père. Tu sais qu'il t'aime comme un fils, il ne te la refusera certainement pas.

Alfred se serrait de plus en plus contre moi. Il osa même me donner sur le cou, sous mes cheveux, un long baiser qui me brûla comme un fer rouge.

— Oh !... dit-il, nous ne nous entendons pas, ma chère Aimée. Ce n'est pas de mon oncle que je veux te tenir, c'est de toi seule.

Et, ce disant, à ma grande indignation, le voilà qui recommence à m'embrasser, à me presser contre sa poitrine, voulant à toute force disposer de ma main, pour l'employer à je ne sais quelles caresses, dont je n'avais pas la plus faible idée, mais qui, d'instinct, me causaient une répulsion insurmontable.

Les *Confessions* de Jean-Jacques Rousseau, circulant librement, sont dans toutes les mains. Il

n'est pas une seule personne appartenant au
monde, en Europe, qui n'ait pris plaisir à les lire
et l'on peut dire de ce livre que chaque nouvel
individu qui ouvre les yeux à la lumière est un
lecteur de plus qu'il est assuré de compter. Comme
tout le monde, j'ai lu les *Confessions* ; comme tout
le monde encore, je me suis sentie révoltée à la
lecture de certaines scènes, spécialement de celle
qui se passe à Turin, à l'hospice des Catéchumènes,
entre l'auteur et un Esclavon, qui se donnait pour
un Maure et qui voulait abuser de l'innocence du
jeune Genevois.

Il est une chose cependant qui, selon moi, fait
pardonner à Jean-Jacques Rousseau l'obscénité de
la scène que j'indique, c'est la parfaite sincérité
de l'auteur, la franche indignation qu'il manifeste
en racontant cet affreux épisode de sa vie.
Quoique, Dieu merci ! je ne sois point obligée
d'aller aussi loin que le philosophe de Genève
dans la suite du récit de mon aventure avec mon
cousin Alfred, je m'efforcerai d'imiter la sincérité
du grand écrivain, afin de me faire pardonner, à
un plus haut degré que lui encore, la hardiesse
de langage à laquelle je me vois condamnée pour
conclure.

Il y avait quelque temps déjà que mon cousin
s'agitait auprès de moi dans la demi-obscurité de
la charmille, m'embrassant, me faisant violence
pour me serrer contre son cœur et tourmentant
toujours ma main, lorsqu'une chose que je ne
puis prendre sur moi de nommer et de décrire —

et cependant Rousseau est allé beaucoup plus loin dans le récit de l'épisode dont je parlais tout à l'heure — une chose dont, jusque-là, dans mon innocence relative, j'avais à peine dû soupçonner l'existence, se trouva soudain sous ma main.

Tout ce que j'en puis dire, c'est que cela se rébellionnait et que son contact me répugnait. Il me suffit de mon instinct de femme, de jeune fille, pour comprendre immédiatement que mon cousin me faisait une grosse injure. Mes sens, qui, au couvent, m'avaient un jour semblé tout prêts à s'éveiller, se révoltaient.

Une peur soudaine me saisit. Je crus Alfred atteint d'une infirmité monstrueuse et je me mis à pousser des cris. Heureusement, il me fit taire, me calma. J'eus la chance inappréciable de rentrer en possession de ma main et fis subitement un saut en arrière.

Puis, honteuse de tout ce que j'avais vu, senti et compris pendant cette minute de violence indigne, je me mis à fondre en larmes.

Alfred s'était précipité à mes pieds.

— Mais je t'aime ! je t'aime ! s'écria-t-il.

Et le voilà qui se relève et veut me prendre encore la main.

Grâce à la lune qui ne cessait de s'élever dans le ciel, il faisait presque aussi clair qu'en plein jour sous les coudriers. Les statues, qui me regardaient, me semblaient autant de muets témoins de ma honte. Je me sentis littéralement défaillir.

— Est-ce donc là l'amour ? lui dis-je avec une naïveté peinée qui aurait dû le désarmer.

Mais, à son âge, on est sans pitié. Il me reprit le bras, la main, cherchant à m'entraîner vers le pavillon. Je ne voulus point y aller. Je sentais que de vilaines choses m'y attendaient.

— Tu me dis que tu m'aimes, m'écriai-je en me dégageant de ses bras, et tu me traites comme si j'étais une de ces femmes perdues dont parle mon père, et qu'il t'accuse de fréquenter.

Il se jeta de nouveau à mes pieds.

— Ta beauté est cause de tout ! me dit-il, ainsi que la passion que tu m'inspires.

Il ajouta une foule d'autres choses, que j'ai oubliées depuis lors. Je le quittai enfin et me sauvai à toutes jambes, folle de peur, m'estimant trop heureuse d'en être quitte au prix de ma promenade perdue.

Aujourd'hui que plusieurs années se sont écoulées et que, de cette vilaine aventure où la polissonnerie de mon cousin tourna à sa confusion, il ne me reste plus qu'un pénible souvenir, je voudrais qu'il me fût permis de revenir sur elle en peu de mots, de dire quelles pensées, quelles sensations elle fit naître dans mon âme de jeune fille. J'y trouverai une sorte de consolation, de réparation. Il faut se rappeler que j'avais alors dix-neuf ans, que si mon âme et ma personne n'étaient pas absolument pures, puisque j'avais subi une sorte de défloraison morale et physique au couvent, j'ignorais encore cependant, et de la façon la plus absolue, en quoi la nature faisait consister la différence des sexes. Pour moi, quoique, dans mon enfance, ma mère, un peu imprévoyante, comme tant d'autres, m'eût fait parfois baigner dans le même bassin où s'ébattaient mes frères, pour moi donc, un homme n'était autre chose qu'une femme aux cheveux courts, barbue, dépourvue de gorge, et qui portait des pantalons au lieu de robes. Mon ignorance, à cet égard, était si grande, si complète que, lorsque mon cousin essaya de commettre contre ma pudeur et ma volonté l'attentat que je viens de décrire, le voyant dans un tel état de surexcitation et ne pouvant me rendre compte ni de ce qu'il voulait, ni de ce qu'il faisait pour éveiller mes sens, je le crus sérieusement atteint de quelque difformité horrible et cruelle, et je fus tout naïvement sur le point d'appeler pour lui faire porter du secours. Mais je ne puis continuer plus longtemps à retracer mes méditations sur un tel sujet. Je craindrais de me laisser entraîner beaucoup plus loin que je ne veux aller, en ce temps de réserve un peu hypocrite, où il me faudrait, au surplus, une autorité et une hardiesse masculine que je n'ai pas, pour oser me servir de la liberté de langage de Montaigne et de Brantôme. Je me contenterai de dire, pour terminer, que mon premier mouvement, dans la honte mêlée de terreur que je ressentais, aurait été de tout divulguer à ma mère, quoique sa manière d'être avec moi n'attirât pas les épanchements, si le souvenir de la position où je l'avais surprise un jour, tou-

jours présent à ma mémoire, ne m'avait invinci-
blement arrêtée.

Quant à mon père, je serais plutôt morte que
d'oser lui dire un seul mot de ce qui s'était passé.

Pendant le peu de jours que mon cousin de-
meura encore au château, il ne s'avisa plus de
renouveler une tentative qui lui avait si mal
réussi.

De mon côté, je ne pus jamais prendre sur moi
de la lui pardonner. J'avais été trop grossièrement,
trop brutalement offensée. Depuis lors donc, quoique demeurant convenablement affectueux l'un
pour l'autre devant nos parents, nous nous main-
tinmes toujours, au fond, sur le pied d'une ran-
cune assez prononcée.

Ce serait peut-être ici l'occasion, pour une
femme qui aimerait à philosopher, de montrer les
inconvénients qui peuvent résulter des liaisons
trop étroites, contractées dès l'enfance, entre cou-
sins et cousines, liaisons toujours favorisées, lorsqu'elles ne sont pas déterminées par les parents.
On se dit : « C'est comme s'ils étaient frère et
sœur. Ils sont si jeunes ! C'est une chose charmante de les voir se caresser et s'embrasser ! Cela
ne présente aucun danger. » On se trompe. C'est
une erreur. Si le danger n'existe pas dans le présent, il n'est que plus à craindre pour l'avenir.
L'anecdote que je viens de raconter est de nature
à le prouver. Mais je m'arrête, ne voulant pas
avoir l'air de prêcher.

Que serait-il arrivé cependant si, profitant habilement d'une surprise possible de mes sens, mon cousin avait été plus hardi? Le pavillon était là, tout près. Nul ne pouvait nous voir, nous entendre...

Cette année, nous n'attendîmes pas le retour de l'hiver pour rentrer à Paris.

Il avait été décidé que nous quitterions la campagne dès que les couches de ma mère seraient faites.

Ce fut vers le milieu du mois d'octobre que cet heureux événement vint nous surprendre. Après trente heures des plus cruelles souffrances, et pendant que mon père pleurait d'attendrissement, ma mère mit au monde un gros garçon qui ressemblait trait pour trait à M. Gobert.

CHAPITRE IV

A peine fut-elle délivrée de la grossesse qui la gênait, ma mère redevint plus jeune, plus jolie, plus appétissante que jamais. Pour moi, ma rentrée à Paris fut le point de départ d'une existence toute nouvelle. J'allais faire « mon entrée dans le monde ». Mes parents me disaient que le moment était venu de songer sérieusement à me marier. A cette idée, mille ambitions confuses s'éveillaient en moi. Je pensais toucher au bonheur.

Quand il s'agit de me produire, ma mère m'annonça l'intention de donner quelques soirées et

de me prendre avec elle pour faire des visites.
Moi, je voulais débuter par un coup d'éclat, et,
fort heureusement, malgré les finasseries du Gobert, qui voulait tout régenter à la maison, ce fut
mon opinion qui prévalut dans le conseil de famille. Tout le monde s'entretenait alors à Paris
des bals de l'Hôtel de Ville. La vogue dont ils
étaient l'objet provenait aussi bien de l'affluence
de jolies femmes qui s'y portaient que de l'élégance des toilettes « à tout casser » qu'on y éta-
lait. Chaque bal nouveau était signalé par l'apparition de quelque nouvelle beauté et de quelque
mode nouvelle. Avec l'esprit de résolution dont
je fis toujours preuve par la suite, ne pouvant
jamais être tentée que par quelque chose de grand
et de hardi, le bal de l'Hôtel de Ville fut le champ
que je choisis pour livrer ma première bataille, et
pour la gagner.

Et je la gagnai.

Je m'y préparai quinze jours à l'avance en donnant à ma santé des soins tout particuliers, afin
de n'être pas, au dernier moment, affligée d'un
rhume de cerveau ou de quelques feux du visage
qui m'auraient enlaidie.

Je me purgeai, je pris des bains, je me tins
chaudement, je ne m'exposai pas au froid, je fis
enfin, conseillée en secret par mon père, tout ce
qui était nécessaire pour me maintenir en bon état
et en beauté.

De plus, je voulus faire ma robe de bal moi-
même. J'avais un excellent patron que maman

m'avait procuré. Elle se mit gracieusement à l'ouvrage avec moi, ainsi que mes deux sœurs, et,
pendant quinze jours, nous voilà toutes quatre
taillant, cousant et bavardant. Nous fîmes un
chef-d'œuvre.

C'était une robe toute simple, en tulle blanc,
sans aucuns nœuds ni agréments d'aucune sorte.
Il n'y avait même pas de garnitures de dentelle.
Je l'essayai quand elle fut faite. Elle m'allait à
merveille, me prenait bien la taille, dégageait les
épaules. Ma mère et moi nous nous embrassâmes.
Depuis l'affaire Gobert, ce fut le premier élan de
cœur que je surpris chez elle à mon endroit.

Le grand jour arriva enfin. J'avais pris un bain
le matin. Je me sentais fraîche, reposée, la tête
calme, le pouls tranquille, en pleine possession de
moi-même. Je me coiffai toute seule, selon mon
habitude, et je ne mis pas le moindre ornement,
pas même une fleur, dans les larges bandeaux de
mes cheveux noirs. Ma robe produisait un effet
délicieux, et j'étais chaussée « comme un ange ».
Il y avait un monde énorme dans les salons de
l'Hôtel de Ville quand nous y entrâmes, ma mère
et moi marchant de front, en avant, sans nous
donner le bras, mon père nous suivant et prenant
toute sorte de précautions touchantes pour ne
pas s'empêtrer les pieds dans nos jupes. Je ne
fus pas trop ahurie ni trop éblouie par l'éclat
des lumières, le mouvement de la foule, et la
chaleur, quoiqu'elle fût excessive, ne m'incom-
moda nullement. Je puis dire, sans immodestie,

4

que ma mère et moi nous attirions tous les regards.

Ma mère était en bleu, avec des touffes de barbeaux entremêlés d'épis dans ses blonds cheveux. Jamais je ne l'avais vue plus ravissante que ce soir-là.

Évidemment, elle s'était appliquée pour ne pas se laisser éclipser.

Ses épaules, sa poitrine, ses bras, étaient d'un éclat sans pareil.

Quoiqu'elle eût quarante ans sonnés, elle avait l'air heureux, et on l'aurait crue toute jeune. C'était peut-être parce que le Gobert n'était pas là, avec sa mine vertueuse. Nous ne nous ressemblions pas, nous avions même les types les plus différents, comme je crois l'avoir dit, et tout le monde nous prenait pour les deux sœurs.

Mais il est temps de parler de moi.

L'effet que je produisis fut immense.

Plus de cent personnes me l'ont dit depuis. De mémoire d'homme, on n'avait vu à Paris un début pareil. Ma grande taille, ma tournure ondoyante faisaient valoir tous mes avantages. J'étais entièrement vêtue de blanc.

Pas un bijou, ni boucles d'oreilles, ni collier, ni bracelets. Rien, ma robe blanche, des souliers blancs et des gants blancs. Mon corsage était très décolleté sur les épaules, de même que par derrière et par devant, ainsi que la mode l'exige, et, avec une peau satinée, mes joues rosées, mes yeux et les bandeaux de mes cheveux noirs, j'avais l'air, me dit depuis, bien souvent, mon père, « d'une déesse sortant d'un nuage ».

Lorsque nous fûmes assises, ma mère et moi, un grand cercle nous entoura. Tout le monde nous regardait. Les hommes surtout. Ils se faisaient présenter à nous, à tour de rôle, et ne tarissaient pas en compliments.

C'était plus que de l'admiration qu'ils paraissaient avoir pour moi.

Ils se tenaient devant moi, comme en extase. Plus tard, j'aurais compris l'expression de leurs regards. Alors, ils ne faisaient que m'embarrasser. Comme il n'est pas reçu de causer avec les jeunes filles — du moins en France ; il n'en est pas de même en Amérique, m'a-t-on dit — c'était à ma bonne mère qu'ils s'adressaient pour faire mon éloge, et l'excellente femme, quoiqu'elle eut sa part de louanges, en verdissait.

Quelques femmes, cependant, trouvèrent « le chemin de son cœur » en lui disant que j'étais trop grande.

Je dansai plusieurs fois. Je m'amusai comme on ne s'amuse guère qu'à vingt ans. Il me semblait, tant j'étais peu faite aux hommages que l'offre d'une couronne de princesse était le moins qui pût m'attendre le lendemain à mon réveil. Ce fut mon père qui se chargea de me faire perdre mes illusions. Comme nous étions en voiture, dans le trajet assez long de la place de Grève à la rue Mazarine, où nous demeurions, il se tourna vers ma mère et dit :

— Notre grande fille a eu beaucoup de succès, ce soir.

— Elle le méritait bien, répondit ma mère, elle était charmante.

— Cela ne la rendra malheureusement que plus difficile à marier.

A ce mot, je dressai l'oreille.

— Pourquoi donc ? avait dit maman.

— Eh, mon Dieu, parce que nous n'avons qu'une petite dot à lui donner, deux cent mille francs, et avec sa figure, sa tournure, son élégance, elle découragera les épouseurs. Ils penseront tous, avec raison, qu'elle est faite pour briller dans le monde, y effacer toutes les femmes, et que n'ayant qu'une très minime fortune, elle devra nécessairement économiser peu celle de son mari. Allez donc proposer une pareille merveille à un modeste employé ? Elle ne manquerait pas de n'en point vouloir, le jugeant trop au-dessous d'elle. Et lui n'oserait même pas se permettre de la regarder. C'est un millionnaire qu'il faut à Aimée, et les millionnaires sont rares.

— Et puis, reprit ma mère, plus un homme apporte de fortune à une femme en mariage, plus il tient à la réciprocité.

Les pronostics fâcheux qui ressortaient de cette discussion ne jetèrent aucun découragement dans mon esprit. Mon succès, pendant tout l'hiver, ne fit que grandir. Ayant eu le bonheur, en quelques occasions, où l'on me parlait d'autre chose que de la pluie et du beau temps, de montrer que je n'étais pas complètement dépourvue d'intelligence, on me fit la réputation d'une femme d'esprit, et, comme je passais déjà pour l'une des plus belles personnes de la saison, je devins bientôt à la mode.

Chaque homme qui me voyait alors pour la première fois devenait forcément, ne fût-ce que par bon ton, mon adorateur. J'avais refusé plus de vingt partis, me croyant en mesure de me montrer difficile, quand enfin il s'en présenta un que je fus, pour ainsi dire, obligée d'agréer.

Tout le monde a connu le marquis de B***. Lorsque je le vis pour la première fois, il passait pour avoir plus de quarante ans, avait l'air distingué, légèrement sceptique, ne s'était jamais occupé que de sport, et s'était fait une sorte de réputation de viveur aimable et bon enfant, par la fréquentation presque quotidienne des artistes et des journalistes.

Il avait eu, me dit-on plus tard, deux ou trois intrigues avec des femmes de théâtre, qui l'avaient promptement aidé à dépenser une belle somme gagnée au club, aux courses, à la Bourse, peut-être aussi un peu de son patrimoine.

On le disait joueur, ce qui ne m'allait guère, et généreux, ce que je ne pensais pas être un grand mal. Sa famille était de vieille et bonne noblesse.

Il me vit au théâtre, s'amouracha de moi, sans m'avoir dit un mot, se fit présenter à mes parents par l'homme qui était le mieux vu chez nous, c'est-à-dire par M. Gobert, ne craignit pas, pour s'avancer, de faire un doigt de cour à ma mère, et, précisément à l'instant où je pensais qu'il allait être appelé à l'honneur de succéder à mon parrain, il vint un matin chez mon père, à l'heure où ma mère et moi n'étions pas encore habillées, et demanda ma main sans aucune sorte de préambule.

Il tenait peu à la fortune, disait-il, étant riche et attendant de gros héritages de plusieurs membres de sa famille.

C'était par inclination qu'il désirait avoir l'honneur de m'épouser. Il tenait à ce que cela fût dit et bien constaté.

Mon excellent père, très flatté, quoique peu satisfait à l'idée d'avoir pour gendre un homme inoccupé, répondit qu'il « ne voulait pas s'engager sans m'avoir consultée ».

Ma mère était ravie. Le Gobert la poussait. Ils croyaient avoir intérêt à me faire définitivement partir de la maison. Pour moi, je croyais faire un rêve. Et quel beau rêve ! mariée ! à dix-neuf ans ! et riche ! et marquise !

La seule chose qui faisait ombre à ce tableau, c'était que j'allais tenir mon époux de la main de Gobert.

La présentation ayant été faite, toutes les choses étant convenues, le trousseau acheté, la corbeille envoyée, l'hôtel que nous devions habiter auprès de ma future famille ayant été restauré et meublé, trois jours avant le mariage, un matin, de bonne heure, comme j'étais dans ma chambre, occupée à

renfermer dans une malle, afin de les envoyer à
mon nouveau domicile, les menus objets de souvenirs de jeune fille que je tenais à conserver, ma
tante Aurore, la mère de mon cousin Alfred, se fit
annoncer chez moi, et, à son air apprêté, quand
elle entra, je compris qu'elle venait m'entretenir
de choses graves.

Je crois avoir déjà dit que cette tante était une
sœur de mon père. Elle lui ressemblait par la haute
taille, la figure, les manières, même un peu par
l'esprit. Elle était cependant plus libre encore de
propos avec son frère.

Il n'existait aucun moyen d'espérer d'elle qu'elle
gazerait jamais sa pensée. C'était une de ces femmes « à la langue salée » comme on en trouve
quelques-unes dans les mémoires du duc de Saint-
Simon ; excellente personne, au fond, encore belle,
avec ses yeux noirs, ses dents bien conservées et
les cheveux blancs crêpés qui lui entouraient le
visage. Elle m'aimait comme sa fille. Les choses
les plus vives, non contente de les appeler par
leur nom, elle vous les lâchait tout à trac, et, une
fois qu'elle était lancée, il n'y avait aucun moyen
de l'arrêter.

Je pensais qu'elle venait me parler d'Alfred,
intercéder en ma faveur, car, selon moi, mon cousin devait m'aimer encore ; je craignais qu'elle ne
cherchât, pour servir les intérêts de son fils, à
mettre obstacle à mon mariage. J'étais bien loin
de compte, comme on va le voir.

— Ma chère nièce, me dit-elle après m'avoir tendrement embrassée et s'être assise auprès de moi, tu dois te marier dans trois jours, et grâce au caractère de ta mère je crains bien qu'elle ne t'ait pas préparée à ce grave événement.

— Que voulez-vous dire, ma chère tante?

— Je te demande si ta mère t'a expliqué en quoi consiste le mariage, quels sont les devoirs de la femme, les exigences du mari?

— Maman ne m'a rien dit du tout.

— Ton père et moi nous le craignions, sachant combien il lui répugne d'aborder certains sujets de conversation. C'est pourquoi nous sommes tous deux convenus que j'accepterais la tâche de la remplacer en cette circonstance.

— Merci mille fois. Je vous écoute, ma chère tante, et vous avoue que je ne serai pas fâchée d'apprendre de votre expérience et de votre bonté comment je dois me comporter.

— Voici : le sujet est un peu scabreux, mais tu m'excuseras en faveur de mon intention, qui est bonne.

Je voulais me récrier. Ma tante Aurore me coupa la parole.

— D'abord, ma grande et belle fillette innocente, sais-tu quelles sont les différences qui existent entre la femme et l'homme?

— De quelles différences voulez-vous parler?

— Tu me la donnes belle, toi! Des différences physiques, pardieu!

Le souvenir de l'expérience que j'en avais faite un soir, malgré moi, auprès d'Alfred, me revint

alors à l'esprit, et je fus sur le point de me trahir.
Mais je trouvais la force de me maîtriser, et je bal-
butiai :

— A quoi bon tout cela, ma tante ?

— Pour rien, mon Dieu!... Pour que tu saches
comment te comporter la première nuit de tes
noces.

Et comme je voulais encore me récrier :

— T'imagines-tu donc, comme la plupart des
jeunes filles, qui ne savent ni A ni B des choses
sérieuses de la vie, que le mariage consiste uniquement, pour une femme, à faire les honneurs de
sa maison, à sortir seule, à régler les comptes de
son ménage, à porter des dentelles et des dia-
mants ?...

Je me levai pour l'interrompre. Elle reprit :

— Le mariage est cela, sans doute. Mais il est
encore autre chose. Son but, pourrait te dire ton
père, « est de faire vivre l'homme et la femme
dans une société fraternelle, de sorte qu'ils soient
constamment obligés de s'entr'aider, de se porter
des secours mutuels en partageant leur commune
destinée. La raison d'être naturelle du mariage,
pourrait encore te dire ton père, si les plus sim-
ples convenances ne lui interdisaient de traiter
ce sujet devant toi, sa raison d'être réside tout
entière dans la conservation de l'espèce humaine ».

On se marie pour mille raisons et sous mille
prétextes. Mais le mariage au fond, n'a qu'un but,
c'est de faire des enfants. Ah! ma foi, le mot est
lâché.

Je sautai de mon siège.

— Faire des enfants ! m'écriai-je. Les enfants se font donc ?...

— Oh ! mon Dieu, comme les petits chiens, ni plus ni moins. Est-ce que tu en es encore, à ton âge, à croire qu'on les trouve sous les choux ?

— Dame ! ma tante.....

— Pauvre sotte ! fit-elle. Qui voudrait croire, en l'entendant, qu'elle est la fille d'un savant du plus grand mérite ? Non, ma chère, il est temps que tu l'apprennes, les enfants ne se trouvent pas sous les choux. Les femmes les portent pendant neuf mois dans leur ventre. Elles les mettent au monde au risque de leur vie, en endurant d'épouvantables douleurs. Est-ce que tu n'as jamais rencontré, est-ce que tu n'as jamais entendu parler de femmes enceintes ?

— Mais si, ma tante.

— Eh bien, c'est cela, tu y es.

— Tout à l'heure, repris-je, vous parliez de différences physiques...

— Sans doute. Si ces différences n'existaient pas, les enfants ne se feraient pas. L'espèce humaine disparaîtrait de la surface de la terre.

— Le beau malheur ! m'écriai-je.

— Dieu, que tu es sotte !

Ma pauvre tante était cruellement embarrassée, j'en suis certaine maintenant, d'avoir accepté la mission dont mon père l'avait chargée. Je la ramenai, sans penser à mal, à son point de départ.

— Que devrai-je donc faire, lui dis-je, dans cette première nuit si terrible ?

— Ah ! ma nièce, c'est abominable !

— Vous me faites frémir.

— Rassure-toi. Tout se passera bien. Seulement...

— Seulement ?

— Si tu ne veux passer pour une niaise, il faudra que tu ne te scandalises de rien.

— Je ne comprends pas.

— Voici ce qui arrivera : selon l'usage, quand l'heure de te retirer aura sonné, ta mère viendra te déshabiller, te mettre au lit.

— Maman ?

— Ta mère. C'est son devoir. Elle le remplira avec résignation et avec courage.

— Pauvre chère femme !

— Puis, continua ma tante, lorsque tu seras dans ton lit, bien attifée, toute fraîche et toute blanche, ton mari viendra frapper à la porte et ta mère se retirera pour lui laisser la place libre.

— Pourquoi faire ?

Ma tante n'avait jamais su ménager les mots. Elle avait même, en certaines occasions, comme je l'ai dit, une crudité de langage qui aurait pu passer pour du cynisme. Elle me répondit aussitôt :

— Pourquoi faire ? Pour qu'il couche avec toi, pardieu !

— C'est une horreur !

— Je n'en disconviens pas, ma belle enfant, mais c'est l'usage.

— Est-ce que toutes les femmes ?...

— Toutes, moi, ta mère, depuis que le monde existe, nous avons toutes passé par là. Il faut que tu y passes à ton tour.

— Et si je ne veux pas ?

— Tu feras bien de le dire tout de suite, parce que dans ce cas il n'y aura pas de mariage.

— Je comprends maintenant que maman n'ait point osé parler elle-même...

Ma tante Aurore n'était point sotte.

— Bien obligée ! fit-elle.

— Et... si je consentais ?

— Voici. Quand ton mari sera déshabillé et couché dans ton lit, auprès de toi, il te prendra dans ses bras et commencera à te caresser. C'est ici, par exemple, qu'il ne faudra pas faire la mijaurée.

— Je ne comprends pas.

— Je veux te dire que la plupart des hommes, ce jour-là, n'y vont pas par quatre chemins. Ils n'aiment pas qu'on leur fasse payer leur plaisir trop cher. Il faudra donc te soumettre passivement à tout ce que ton mari exigera de toi.

— Ne pourriez-vous pas me dire ce qu'il exigera ?

— C'est bien difficile. L'homme, vois-tu bien, ma chérie, n'est pas du tout fait comme la femme. Il est le contraire de la femme.

— Que voulez-vous dire ?

— Permets-moi de me servir d'une comparaison. Tu es intelligente, tu comprendras.

— Ma chère tante, je vous en prie, faites comme si je n'étais point intelligente.

— Eh bien ! l'homme est un sabre, la femme est le fourreau du sabre. Voilà tout ce que je puis te dire.

Je vous comprends de moins en moins. Si vous m'expliquiez d'une autre manière...

— Je te dis que l'homme est un sabre. Cela se voit d'ici. La femme..., tu sais peut-être bien comment tu es faite ?

— Pas le moins du monde.

— Ma parole d'honneur, tu es trop niaise. C'est décourageant.

Je fis encore d'autres efforts pour obtenir des explications plus claires et plus précises de ma chère tante.

Mais la bonne femme était au bout de son éloquence. Il ne me fut jamais possible de la faire sortir de la comparaison. A toutes mes sollicitations, elle se contentait de répéter :

— L'homme est un sabre.

Heureusement, mes sœurs entrèrent dans la chambre et, à leur vue, ma tante se sauva.

Telle femme qui lirait ceci, se rappelant les diverses aventures que j'ai déjà racontées dans ces mémoires, me traiterait de niaise, comme ma tante, et me soufflèterait volontiers.

Elle aurait tort. En toute chose, pour que je comprenne, il est indispensable de mettre les points sur les *i*. Je n'ai pas assez d'imagination pour suppléer aux lacunes qui se font quelquefois dans mon esprit. La position dans laquelle j'avais surpris ma mère et M. Gobert, mes petites débauches du couvent, la situation dans laquelle mon cousin s'était montré à moi dans le parc de Galardon, suffisaient largement pour me faire penser qu'il pouvait se passer de fort vilaines choses entre personnes de sexes différents et même du même sexe. Mais de là à me faire comprendre ces choses dans tous leurs détails, comme un quart d'heure d'expérience les démontre, il y avait un abîme et je ne cherchais point à le combler par la pensée.

Je ne ressentais point d'amour pour mon fiancé. Je l'épousais parce qu'il fallait bien me décider à me marier, puisque toutes les femmes se marient. Il ne m'inspirait ni répulsion, ni attraction. J'en aurais épousé un autre, à sa place, sans en ressentir de chagrin. Mais les demi-confidences de ma tante suffisaient pour me faire appréhender vivement l'opération qu'on nomme « la consommation du mariage ». J'y voyais, par avance, une nouvelle contrariété, de nouveaux tourments. J'en étais curieuse, cependant.

Toutes ces causes me rendirent un peu maussade le jour de mon mariage, et je ne pus m'empêcher de fondre en larmes quand le marquis et moi nous nous agenouillâmes au pied de l'autel.

CHAPITRE V

Le jour même où ma tante était enfermée avec
moi, à ce que j'appris beaucoup plus tard, le
marquis de B... vint trouver ma mère et ils
eurent ensemble une longue conversation à mon
sujet.

« Chère madame, dit le marquis, maintenant
que je vais avoir l'honneur d'être votre gendre,
permettez-moi de vous adresser une prière. Le
motif qui m'inspire cette démarche vous semblera
bizarre peut-être, mais, croyez-le, il est dicté par
un bon sentiment. J'ai toujours été d'opinion qu'il

y'avait peu de convenance dans certain usage traditionnel qui termine les cérémonies et les réjouissances à l'occasion du mariage.

« Personne n'ose s'en affranchir. C'est un tort, car cet usage blesse la décence et n'est propre qu'à inspirer un sentiment de répulsion pour son époux à la nouvelle mariée. Je veux parler de cette habitude où l'on est de faire mettre au lit, le premier soir de ses noces, la jeune femme pour y attendre, elle qui est, ou qui est censée être absolument innocente, que son mari vienne s'étendre à ses côtés.

« Je ne suis peut-être qu'un esprit bien paradoxal, mais il me semble qu'il y aurait plus de convenance, plus de charme, pour les jeunes mariés, plus de poésie même, à ce qu'ils se retirassent chez eux, ce soir-là, sans être accompagnés par personne, le mari se chargeant, en cette occasion, de mettre au lit sa jeune femme, lui servant de femme de chambre, bénéficiant de la situation, non comme d'un droit, mais comme d'une faveur qu'il lui faudrait solliciter, qu'on serait libre de lui refuser. Vous qui poussez si loin la délicatesse en toute chose, pensez-vous comme moi, chère madame ?

« Je serais bien heureux s'il en était ainsi. Alors je vous prierais, vous abstenant de suivre l'usage dont je parle, de vouloir bien m'aider à gagner le cœur de votre fille. La première impression que fait un mari sur sa femme peut avoir les plus graves conséquences dans tout le cours de leur commune

existence. Je voudrais ne produire que de bonnes
impressions sur l'esprit d'Aimée. Il me serait très
doux de ne devoir son cœur et sa personne qu'à
elle-même.

« Il dépend de vous seule de me faire obtenir ce
résultat. »

Il y avait une prodigieuse habileté dans la démarche que mon futur mari fit auprès de ma
mère. Il était impossible de faire entendre à la
digne femme des paroles mieux imaginées pour
flatter son inclination et pour lui plaire. Elle fut
parfaitement dupe de l'hypocrisie du marquis
de B***. Elle lui promit de suivre une conduite
conforme à ses désirs et le félicita de ses sentiments de délicatesse. Je n'allais pas tarder à
apprendre que ces beaux sentiments étaient tout
simplement le fait d'un voluptueux, cherchant à
assaisonner ses plaisirs.

Je ne m'étendrai pas sur les différents incidents
de la cérémonie de mon mariage. Une affluence
énorme se pressait à l'église Saint-Thomas-d'Aquin,
que ma mère avait choisie à mon intention comme
étant l'église la plus à la mode. Ma mère était
charmante, comme toujours. Elle avait daigné
s'occuper elle-même des plus petits détails de ma
toilette. Aussi mon succès fut-il complet. Mon
mari était radieux. Comme il s'agenouillait auprès
de moi, il me dit à l'oreille qu'il me trouvait
« éblouissamment belle ». Le fait est que je ne
crois pas qu'on ait vu à Paris, même à Saint-
Thomas-d'Aquin, dans ces derniers temps, beau-

coup de mariées qui, sortant de l'église au bras de leur époux, aient fait à ce dernier autant d'honneur. J'étais contente de moi.

Je me sentais pleine de vie, de force, de grâce, de beauté..... Il est juste d'ajouter que je ne ressentais pas d'amour pour mon mari. Mais l'inexprimable caractère de grandeur et de poésie de cette belle journée m'avait saisie. Ces toilettes, ces fleurs, cet air de fête, les parfums de l'encens, les sons de l'orgue, les voix des choristes, et, dans le chœur, autour de nous, cette foule choisie et recueillie, tous nos parents, tous nos amis ; puis, au dehors, ce mouvement de voitures, tout ce monde qui fixait sur nous des regards avides..... J'étais comme sur la scène d'un grand théâtre, j'aspirais le bonheur de me sentir vivre par tous les pores et de toutes nos forces.

Si j'avais su, hélas !.....

Après la fin de la cérémonie, lorsque nous rentrâmes chez mon père, je trouvais dans le vestibule un vieux domestique qui m'avait vu naître et me guettait, depuis le matin, pour me faire ses compliments. Ce fut le premier qui m'appela « madame ». Ce nom me fit tant de plaisir à entendre que je lui donnai cinq cents francs.

Le même jour, il y eut dîner de gala chez mon père. Mes gamines de sœurs, poussées par mes frères, s'amusaient à empiler de grosses truffes sur l'assiette de mon mari. Ma mère, qui, gracieusement, m'avait laissé à table la place d'honneur, en face de mon père, grondait mes sœurs,

disant que mon mari se rendrait malade, et mon
père riait, baissant le nez vers son assiette, sans
doute charmé des jolis souvenirs qu'une telle
journée lui rappelait. Je fus traitée en reine par
tout le monde. Le soir, nos amis les plus intimes
vinrent nous tenir compagnie. Enfin, à onze
heures sonnant, mon mari, après avoir échangé
quelques signes avec ma mère, se leva et m'offrit
le bras. Nous sortîmes. On chuchotait dans le
salon, on se poussait du coude en nous regardant.
J'avais conservé toute la journée ma toilette de
mariée, sauf le voile. Quand nous fûmes dans le
vestibule, mon mari me plaça un long manteau
sur les épaules. Notre voiture nous attendait au
bas du perron. Ma mère m'avait tendrement serrée
sur son cœur quand nous étions encore au haut
de l'escalier.

De la rue Mazarine, où demeuraient mes parents, à la rue Saint-Dominique, où était situé l'hôtel de mon mari, il n'y a pas une longue course.

Pendant tout le trajet, mon mari ne cessa de
presser mes bras et mes mains contre son cœur,
promettant de me rendre heureuse et jurant qu'il
était « le plus heureux des hommes ». Nous arri-
vâmes enfin. Dans tout l'hôtel, il n'y avait d'éveil-
lés que le portier et un valet de pied. Ce dernier
nous ouvrit la porte du vestibule, et mon mari lui
commanda de se retirer, après que nous serions
montés et qu'il aurait éteint le gaz dans l'escalier.
Pendant que nous montions, mon mari entourait
ma taille de son bras et me soutenait affectueuse-

ment, comme s'il eût voulu m'aider à marcher plus vite.

Quand nous fûmes au premier étage, où se trouvaient nos appartements privés, il me fit entrer dans un très élégant boudoir, puis il me demanda si je voulais bien lui permettre de « me déshabiller ».

Je le remerciai, l'assurant que j'avais l'habitude de me déshabiller moi-même, ce qui était vrai. Alors, il se retira dans la chambre à coucher, après m'avoir indiqué la porte de mon cabinet de toilette. Tout cela était un peu froid et semblera étrange peut-être. Mais alors je n'y pensai pas. J'étais toute à l'étonnement et dans une furieuse appréhension de ma première nuit de noces. Un quart d'heure plus tard, ayant changé mon costume de mariée contre une jolie robe de chambre choisie par ma mère, je crus qu'il était temps d'aller retrouver mon mari. Je le surpris assis devant le feu, dans la chambre à coucher, en veste du matin et en pantoufles. Il buvait une tasse de thé. Deux grosses lampes éclairaient fortement la chambre. Il se leva en m'apercevant, vint au-devant de moi, prit de mes mains la couronne et le bouquet de fleurs d'oranger que j'avais portés toute la journée et que je lui offrais ingénument comme un gage de l'avenir. Quand il les eut serrés dans un chiffonnier, il s'en revint à moi, qui l'attendais auprès du feu avec une anxiété facile à comprendre, me saisit dans ses bras, m'embrassa longuement et voluptueusement, en me disant qu'il m'adorait. J'éprouvais une émotion intraduisible. Quoique mon mari n'occupât encore qu'une bien petite place dans mon cœur, et malgré les recommandations de ma tante Aurore, pour le moment je ne me regardais pas encore tout à fait comme une victime. J'avais peur de je ne sais quoi, j'appréhendais un inconnu terrible. Les caresses de mon mari ne me causaient pas de répulsion, mais j'étais obligée de faire les plus grands efforts pour me soumettre avec résignation à ses désirs.

Ses désirs, cependant, me semblaient parfois bien étranges. Il m'avait fait asseoir sur un canapé, et, se plaçant à deux genoux par terre, devant moi, il avait enlevé mes souliers de satin blancs, puis mes bas, et baisait mes pieds nus avec une avidité singulière, en s'extasiant sur leur beauté. Me souvenant à temps des conseils de ma tante, je le laissai faire, sans mot dire. J'avais peut-être l'air bien sotte; mais la situation était si nouvelle pour moi et j'éprouvais une telle peur, une peur instinctive, irréfléchie, que j'étais incapable de desserrer les lèvres. Je remarquai que le lit était découvert et qu'il y avait, sur le traversin, deux oreillers l'un près de l'autre.

Cependant, mon mari m'avait priée de vouloir bien me tenir debout. En un clin d'œil, quand je fus sur mes pieds, il m'enleva ma robe de chambre. Je me trouvai donc en chemise devant lui, et, je l'avoue, je me sentais toute honteuse. Quelle accablante position pour une femme qui était

5.

encore une jeune fille! Le souvenir des aventures
qui m'étaient antérieurement arrivées, et qui me
revenaient alors à l'esprit, n'atténuait en rien
l'inexprimable sentiment de gêne que je ressentais.
J'avais beau me sermonner intérieurement, me
gronder, rien n'y faisait. J'étais en chemise, nu-
pieds. Un homme me regardait. Cela suffisait.

Je sais bien aujourd'hui que toutes les femmes,
dans tous les temps, et dans tous les pays du
monde, ont passé par là et n'en sont pas mortes.
La plupart d'entre elles, même, à ce que je crois,
n'ont pas cru devoir faire autant de façons que
moi, ne trouvant pas la chose si extraordinaire
et si pénible. Encore une fois, cela ne fait rien.
Le monde entier dût-il me traiter de sotte, je ne
me lasserai jamais de répéter que j'endurai un
supplice sans nom quand je me vis ainsi en chemise devant un homme. Et si, jusqu'à présent,
aucune femme, à ma connaissance du moins, n'a
eu l'idée de décrire les sensations et les émotions
de sa première nuit de noces, je ne vois pas pourquoi je n'aurais pas de la franchise et du courage
pour tout mon sexe. Les choses les plus vulgaires,
celles qui se passent chaque jour, qui cependant,
par suite de je ne sais quelle convention universelle et ridicule, demeurent éternellement inédites,
m'ont toujours paru être pleines du plus grand
intérêt.

Lorsque je me trouvai dans le costume que j'ai
dit, — je ferais sans doute mieux de dire « absence
de costume », — mon mari, dont les yeux étince-

laient, recommença à me caresser et à passer en
revue ce qu'il appelait galamment « toutes mes
beautés ». Il découvrait ma gorge, s'extasiait, la
baisait; et puis il me tenait des discours passion-
nés, promettant de me faire, dès le lendemain,
tous les petits cadeaux qui pourraient me causer le
plus de plaisir si je voulais être bien gentille et
me soumettre à toutes les fantaisies qui lui passe-
raient par la tête. Moi, je lui répondis ingénûment
que j'avais froid et me sentais mal à mon aise,
n'étant point encore habituée à de semblables fantaisies, ne soupçonnant même pas qu'elles pussent
venir à l'esprit des gens raisonnables. Là-dessus,
le voilà qui recommence à me caresser et à m'embrasser, m'empêchant de parler et disant constamment : — Tais-toi. Ta soumission, quelque froide
qu'elle soit, est un million de fois plus précieuse
pour moi que les paroles.

Tout à coup, comme si le dernier voile qui me
restait, en me couvrant mal, l'eût impatienté, il
me l'enleva, et me voilà complètement nue devant
lui. Les souvenirs des recommandations de ma
tante aidant, je m'efforçai, avec une candeur qui
aurait pu sembler touchante à tout autre que le
marquis de B..., de ne pas paraître niaise. Mais
je me sentais littéralement mourir de honte. Il
faut se rappeler que, depuis que j'étais nubile,
âme qui vive, y compris ma mère, ne m'avait vue
une seule fois dans un tel état. Je ne manquais
jamais d'éloigner ma femme de chambre quand
je voulais sortir de mon bain. Et quoique, au cou-

vent, comme je l'ai dit, emportée par l'exemple et par une surprise des sens, j'eusse pu laisser la petite Carmen se livrer à un coupable attentat sur ma personne, quoique, pour m'aider à subir avec résignation le désagrément de ma situation présente, je ne cessasse de me répéter que l'homme qui me contemplait dans ma nudité était mon mari, je souffrais, j'endurais un réel martyre.

Ce n'était même pas ma conscience, c'était ma chair toute entière qui frissonnait et se révoltait de se sentir ainsi sous les yeux d'un homme.

Comme je me débattais, mon peigne tomba et mes cheveux noirs se déroulèrent dans toute leur longueur, c'est-à-dire jusqu'à mi-jambes.

Alors, ce ne fut plus de l'admiration, mais de l'extase. Il fallut que je fusse, en réalité, admirablement belle.

Jamais je n'aurais cru que pouvait aller aussi loin le ravissement chez un homme, surtout à l'occasion d'une femme nue. Celui-ci ne cessait de s'exclamer. On aurait dit qu'il ne pouvait goûter aucun plaisir, s'il ne l'assaisonnait du plaisir de parler.

Il me disait que j'étais la plus belle des femmes, que jamais il n'avait vu de femme qui pût m'être comparée, que je possédais toutes les beautés qui lui plaisaient le plus, qu'il préférait ; à l'entendre, « mes bras, mes jambes, mes pieds étaient autant de merveilles ». Et puis il s'écriait en tournant autour de moi :

— Dieu, que tu es grande! Dieu que tu es mince! Comme tes formes sont élégantes et sveltes! Tu me sembles plus grande encore!

Après cela, il me faisait tourner tantôt d'un côté et tantôt d'un autre, lever les bras en l'air et me renverser en arrière; et puis il ne cessait de répéter que ce qu'il y avait de plus beau en moi, de plus délicieux, c'était le contraste formé par une peau si fine, si blanche, et mes cheveux noirs, alors tombant derrière moi comme un manteau, et qui faisaient ressortir toutes mes formes.

Une femme qui aurait eu de l'amour pour son mari se serait estimée heureuse, aurait été touchée, peut-être. Moi, je l'avoue avec la plus entière candeur, au risque de passer pour méchante et de me faire détester par tous les hommes, malgré les compliments qu'elle me valait, cette exhibition m'assommait. Tantôt il me prenait de folles envies de rassembler mes vêtements épars et de me sauver loin, si loin que mon mari ne pût jamais me rattraper; tantôt, saisie par le côté grotesque de la situation, j'étais forcé de me tenir les côtes pour ne pas éclater de rire.

— Ma tante ne m'avait pas parlé de cet examen, me disais-je. Est-ce que toutes les femmes ont subi cette désagréable inspection?

Il est à croire que, bien involontairement, je laissai percer quelque chose de ma mauvaise humeur, car mon mari me parut soudain chagriné. Cependant, comme chez lui les impressions étaient toujours passagères, il sauta sur ses pieds, me saisit dans ses bras, m'enleva de terre comme une plume, et, sans même me laisser le temps de me reconnaître, il me porta dans mon lit et m'y coucha.

A partir de ce moment, il ne se passa plus rien que d'ordinaire. En deux minutes, mon mari eut enlevé ses vêtements et s'étendit à mon côté. Il me serrait entre ses bras, m'étouffait de baisers.

— Voilà l'instant! me disais-je, avec une enfantine terreur. Oh! ma tante, que n'es-tu là pour me donner du courage!

Je ne sais pas, et ne me soucie même pas de savoir, comment les autres femmes se sont tirées d'affaire en cette désenchantante circonstance.

Pour moi, dans mon innocence relative, je la trouvai si bestiale, si douloureuse que je me crus victime d'un abominable attentat. Il me semblait, dans ma naïveté, et il m'avait toujours semblé, que le mariage était, avant tout, une chose sainte. Je me disais que mon mari aurait dû me respecter, me traiter comme la compagne de sa vie et non comme le mâle, chez les animaux, traite sa femelle.

— Qu'est-ce que vous faites? qu'est-ce que vous faites donc? Vous me faites un mal affreux. Vous êtes un sauvage, disais-je à mon mari, en me débattant convulsivement pour échapper à son étreinte et me soustraire à sa violence.

Je ne ressentis pas la plus fugitive sensation voluptueuse. Rien que de la douleur.

J'ai oublié ce que mon mari me répondait.

Je crois qu'il me disait qu'on se mariait pour avoir des enfants et autres banalités auxquelles il ne croyait même pas. Je ne l'écoutais guère. J'étais entièrement absorbée par la chose elle-même. Je ne sais pas si je suis douillette, si je suis constituée autrement que le commun des femmes. Cela n'est pas probable. Ce que je sais très bien, c'est que je subissais une sorte de supplice des plus désagréables.

C'était l'atroce et harcelante sensation d'un fer rouge mille fois enfoncé à coups précipités jusqu'au plus vif de mes entrailles.

Une sueur glacée baignait mon front. Je croyais que j'allais mourir.

C'est pour le coup que je fus à même d'apprécier la justesse de la comparaison de ma tante : « L'homme est un sabre. » « Grand Dieu ! quel sabre ! » me disais-je.

Encore une fois, je le sais bien, toutes ces choses sont des plus naturelles et des plus vulgaires. « Naturelles, comme toutes les fonctions de la vie, aurait dit mon père, comme le sont naître et mourir. » Toutes les femmes ont subi ces épreuves. Je le sais bien. Et, après la première expérimentation, quelques-unes, le plus grand nombre même, ne s'en plaignent pas.

La preuve en est qu'elles y retournent.

S'il n'y avait que cela, même avec la plus entière

bonne foi qui me les inspire, dans ces mémoires, les lecteurs superficiels pourraient regretter le temps employé à les lire. Pour moi, je ne sais rien au monde de plus saisissant et de plus poignant que ces choses banales docilement subies par chacun de nous et dont nul ne s'est jamais avisé de faire l'analyse. C'est là ma seule excuse pour avoir eu l'idée de relater tant de détails intimes.

Je finirai ce chapitre par un dernier mot.

Quand mon tendre époux s'endormit après six assauts consécutifs, je me trouvai tout ensanglantée.

CHAPITRE VI

Est-ce donc là le mariage ! me disais-je le lendemain en m'éveillant. Comment les femmes s'y sou-
mettent-elles ?

J'éprouvais une telle honte que je n'osai sortir
ni recevoir personne pendant quinze jours. Les
figures même des domestiques qui me servaient
m'étaient odieuses. Il me semblait toujours que
chacun pouvait voir sur mon visage tout ce que
j'avais laissé faire et fait dans cette abominable
nuit.

Il est vrai que, au bout de quelques jours,
l'absence de douleurs nouvelles et la nécessité
aidant, je finis par m'habituer à ma situation de

femme. Mon mari se faisait de plus en plus tendre.

Il mettait un peu plus d'intelligence et d'humanité, une sorte de bonté dans ses transports. Néanmoins, il y avait, dans toute sa manière d'être et dans ses paroles, certaines choses qui me paraissaient de plus en plus singulières. Ce fut lui-même qui se chargea de me les expliquer.

Il avait une qualité qui, en certaines occasions, pouvait passer pour un grand défaut : je veux dire qu'il était extrêmement expansif et communicatif. Il ne lui suffisait jamais de goûter un plaisir. Pour que ce plaisir fût complet, il fallait, à toute force, qu'il en parlât. Pendant les longues journées qui suivirent notre mariage et que nous passâmes en tête-à-tête, ne sortant que de loin en loin, et toujours ensemble, en voiture fermée, pour aller faire un tour dans les recoins les plus déserts du bois de Boulogne, il crut devoir me confier, afin de se distraire lui-même, les motifs qui l'avaient déterminé à m'épouser.

— Voyez-vous, me dit-il un jour, il ne faut pas que vous vous imaginiez avoir pour époux un homme vulgaire. Je ne ressemble pas à qui que ce soit, et, quand je serai mort, on ne reverra plus ici-bas d'original de mon espèce. Vous allez en juger. Dans toute mon existence, je n'ai jamais eu qu'une passion, passion ardente, indomptable, celle des femmes, ou plutôt « de la femme ». Cette passion ne s'est pas éteinte en moi avec la

fougue de la jeunesse ; au contraire. La maturité
de l'âge n'a fait que de la rendre plus vive. C'est
pour la satisfaire en toute sécurité que je me suis
donné le luxe de vous épouser. Après avoir longtemps expérimenté la possession des femmes qui
passent pour les plus belles, fatigué de ne pouvoir
jamais parvenir à en rencontrer une qui appro-
chât de la perfection ou, tout au moins, qui satis-
fît mon goût, je finis par tomber dans un profond
découragement.

« Et il y avait un peu de quoi. Les femmes qui
voulurent bien se donner à moi ne manquaient
ni de charme, ni de beauté ; mais chacune d'entre
elles péchait par quelque côté contre mon désir.
L'une était blonde, j'aime les brunes ; une autre
était petite ou de taille moyenne, et je préfère
les grandes femmes ; une autre encore, quoique
jolie, avait les pieds mal faits, ou elle était un
peu replète, ou bien elle avait les yeux bleus,
et je ne puis me passionner que pour les pieds
élégants, un peu allongés, les tailles élancées et
les yeux noirs. De guerre lasse, je finis par me
trouver complètement absurde de faire des sima-
grées et des coquetteries avec une passion aussi
tenace, et, ne pouvant prendre sur moi de
l'étouffer, je lui donnai toute carrière. En un mot,
je me mis résolument, désespérément, à aimer
toutes les femmes... Vous frémissez, ma chère.
Peut-être me croyez-vous devenu fou. Je vous
donne ma parole d'honneur que je jouis du bon
sens le plus absolu, et je vais vous le prouver en

raisonnant sur ma passion comme les hommes les plus intelligents et les plus froids ne seraient peut-être pas capables de le faire. Oui, je me suis mis à aimer toutes les femmes, toutes, sans exception, sauf cependant celles qui étaient vieilles et laides. Pendant plus de vingt ans, il me suffit qu'une femme rencontrée par hasard, dans le monde, au théâtre, dans quelque magasin, même dans la rue, fût douée d'une certaine grâce, d'un certain charme, eût quelque chose d'attractif, un rien, le plus souvent, pour que l'idée me vînt de lui rendre des soins. L'une me plaisait pour ses yeux, une autre pour ses cheveux ou pour ses mains. L'une m'attirait encore par son sourire, parfois par un minime détail de son costume,

« J'en aimai quelques-unes à cause de leurs dents blanches ou de leur parler musical, et quelques-unes aussi pour leurs défauts. Mais pouvez-vous vous figurer un pareil supplice?

« La chose, quand je me trouvais dans la rue, allait jusqu'à l'obsession.

« Il suffisait qu'une jupe passât à portée de ma vue pour me faire tourner la tête. J'en maigrissais ; j'étais réellement malheureux, car vous comprenez bien que, malgré ma fortune, mon nom, m'adressant à toutes les femmes, de toutes les conditions possibles, depuis les femmes et filles de princes jusqu'aux servantes, je devais rencontrer moins de complaisantes que de cruelles. D'ailleurs, si les désirs de l'homme sont

infinis, ses forces sont malheureusement limitées,
et je craignais toujours de rencontrer en moi-
même le pire des obstacles. Cette crainte, grâce
à Dieu et à ma constitution robuste, se trouva
toujours mal fondée. Mais je n'en fus pas plus
heureux.

« Le monde, s'il le connaissait, serait sans pitié
pour un supplice de cette espèce. Il en est peu,
pourtant, de plus douloureux. On est perpétuel-
lement aux prises avec l'impossible. A qui se
confier? Nul ne voudrait vous croire, personne
ne vous comprendrait. Et, cependant, c'est une
chose adorablement amusante que le change-
ment, — pour ceux qui l'aiment. — Moi, je ne
l'aimais pas; du moins, je lui préférais un certain
type, qui n'existait que dans mon imagination et
dont je vous parlerai tout à l'heure. Il y a un
proverbe qui dit : « Faute de grives, on mange des
merles. » Je passai toute ma jeunesse à manger des
merles. Quand j'eus atteint l'âge de quarante ans,
je pensai qu'il était grand temps de croquer au
moins une grive. N'en pouvant rencontrer nulle
part une seule qui me convînt parfaitement, qui
n'eût aucun défaut, selon mon goût, je m'avisai
d'en créer une dans mon esprit, et celle-là fut
naturellement douée de toutes les perfections.
Pour me faire mieux comprendre, je vous dirai
que je me formai un idéal de grâce, de charme,
de beauté. Je le comblai des plus doux attraits, je
n'oubliai aucune des séductions qui pouvaient le
rendre parfait.

« Puis, quand cette merveille idéale fut créée dans mon imagination, et bien complète, je me complus à vivre avec elle, à la caresser, me promettant, si jamais j'avais le bonheur de rencontrer, dans n'importe quelle condition, une femme qui ressemblât à cet idéal, de lui offrir mon nom, ma fortune, ma vie, pour l'unique satisfaction de la posséder.

« Je cherchai dans toute l'Europe, avec la plus grande patience. Je ne trouvai pas. Cela dura longtemps. Il est vrai que j'étais excessivement difficile. Je ne voulais pas qu'entre mon idéal et la réalité il s'en fallût du plus minime détail. Je croyais rencontrer la femme qui devais faire le bonheur de ma vie parmi ces charmantes filles sur lesquelles il est facile de se livrer aux investigations les plus minutieuses, moyennant une rémunération suffisante. Mais point.

Je ne trouvai que de lointains équivalents. J'étais profondément perplexe, quand un jour, dans un bal, sans même savoir qui vous étiez, je vous vis entrer. Je vous reconnus tout de suite. C'était la fille de mon rêve, et c'était vous. Mais vous jeune fille, appartenant au monde, bien élevée, bien née. Comment faire pour acquérir la certitude que vous ressembliez de tous points à mon idéal? Quel moyen employer pour le vérifier? Il n'y en avait d'autre que celui de vous épouser. Mais si, une fois le mariage conclu, alors que l'examen était permis, facile même, j'allais m'apercevoir qu'il s'en fallait de peu ou de beaucoup, la quantité importait peu. que vous ne fussiez la réalisation de ma chimère ! Je me sentais si malheureux que je voulus en courir la chance, quitte à me faire sauter la cervelle, si, par malheur, je m'étais trompé ! Il est vrai que ce que je connaissais de votre personne, ce que vous en laissiez voir à tout le monde, faisait prévoir les plus douces choses à celui qui serait assez heureux pour admirer ce que vous cachez. Et maintenant, ma chère Aimée, je puis vous le dire avec autant d'orgueil que de bonheur : vous égalez, vous dépassez même mon rêve, en charmes, en attraits, en grâce. Tout en vous est parfait, complet.

« C'est à ne le pas croire, tout en vous est conforme au modèle que j'avais créé.

« Je vous en supplie à mains jointes, ne me prenez pas pour un fou, ni même pour un maniaque. Je conviens que ma confession peut passer pour singulière. Mais je jouis de tout mon bon sens.

« J'éprouve un plaisir infini à vous la faire. Vous allez juger maintenant si j'ai sujet de remercier Dieu. Une femme, pour être belle, selon mon goût, ne sera jamais de trop grande taille, et je ne pense pas qu'on puisse voir à Paris et nulle autre part de femme aussi grande que vous. J'ai toujours éprouvé une sorte de répulsion instinctive pour les femmes « aux belles chairs ». Je place la beauté dans la distinction, l'élégance, la sveltesse des formes. En pourrait-on trouver de plus élé-

gantes que les vôtres? J'aime les épaules étroites,
les corsages accusés, virginalement modelés, les
hanches modestes. Vous avez tout cela ma chère!
Parlerai-je de cette profusion de cheveux noirs
qui vous descendent jusqu'aux jarrets, de vos
yeux noirs remplis de flammes? Sans avoir rien
vu encore, j'en raffolais! Tout enfin, votre peau
blanche, si rose et si fine, vos dents, vos oreilles
mignonnes, vos belles mains, vos pieds délicieux,
tout, oui tout, jusqu'à votre démarche provo-
cante, votre voix mélodieusement timbrée, vous
avez tout réalisé. »

. Mon mari dit encore une foule d'autres choses
si élogieuses qu'un sentiment de modestie m'em-
pêche de les relater.

Et, au surplus, je n'oserais pas affirmer que j'ai
transcrit précédemment ses paroles textuelles.
J'en garantis le sens et l'esprit. C'est tout ce que
je puis faire. Et si je me suis décidée à consigner
ici le singulier exposé de principes que mon mari
crut devoir me faire quelques jours seulement
après notre mariage, c'est uniquement par cette
raison que son caractère s'y peint tout entier.

Le jour où il me fit la bizarre confession dont
ma mémoire ne m'a permis de citer que les parties les plus saillantes, nous nous promenions à
pied dans une des avenues les plus solitaires du
bois de Boulogne. Je ne répondais rien, étant un
peu surprise de ce que j'entendais. Tout autre aurait été découragé par mon silence. Lui, point. Ce

silence fut pris par lui comme une invitation ami-
cale à continuer de m'ouvrir son cœur. Il reprit
donc :

— Vous pouvez objecter à ce que je vous ai fait
connaître de moi-même que la beauté d'une
femme, sa personne matérielle, tout en étant et
devant être considérée comme une chose très
importante par l'homme qui l'aime, ne constitue
cependant pas toute la femme. Chaque femme, en
effet, a un certain esprit, un certain caractère,
un cœur, des idées qui lui appartiennent, des
goûts particuliers, quelquefois des talents et souvent des manies. Pour que l'homme qui l'aime
soit heureux avec elle, il est indispensable qu'il
existe une certaine conformité entre leurs goûts
réciproques ; il faut aussi que leurs caractères
sympathisent, qu'ils aient quelques idées com-
munes et qu'ils poursuivent le même but dans
la vie. Ici, ma chère, je vais probablement vous
étonner. En matière d'amour, je suis de l'opinion
d'un écrivain de grand mérite que vous devez
connaître au moins de nom : je veux parler de
La Bruyère. « Il faut juger des femmes, dit-il,
depuis la chaussure jusqu'à la coiffure exclusivement, à peu près comme on mesure le poisson
entre la queue et la tête. » Cela veut dire en langage vulgaire que, lorsqu'on est un homme de
bon sens, on ne doit attendre des femmes ni
cœur, ni esprit, ni caractère, ni bonté, ni intelligence, ni bons procédés, ni raisons, qu'on n'est en
droit d'exiger d'elles que de la beauté.

6

« Et, en effet, quand la beauté d'une femme vous est sympathique, elle vous rapporte toujours assez de plaisirs. Ne serait-on pas fou de demander de l'esprit à une rose ; d'exiger qu'une pêche, ou tout autre beau fruit, eût de la raison ; d'attendre du cœur d'un flacon de bon vin ? Non. Pourvu que la pêche ait toutes les qualités d'un excellent fruit, que la chair en soit savoureuse et parfumée, pourvu que l'odeur de la rose flatte notre odorat, que sa vue réjouisse nos yeux ; pourvu enfin que le vin soit suffisamment excitant, agréable à notre palais, nous n'avons pas l'idée de leur demander autre chose. Chacun de ces objets nous a-t-il procuré un moment de plaisir, malheureusement trop fugitif, nous en sommes satisfaits.

« Il en est et doit en être de même de la femme. Comme la pêche, le vin, la rose, elle a été créée pour flatter nos sens. La nature n'a rien inventé de plus beau, de plus réellement délicieux que notre compagne, lorsque toutefois elle est belle, complaisante, et veut bien se laisser aimer. Cependant, comme il y a toujours dans la vie un inconvénient attaché à une satisfaction, un danger qui accompagne une joie, un supplice qui fait expier un moment de plaisir, la nature a donné à la femme un certain caractère, de certaines idées, de certains goûts, dans l'unique but de faire expier à l'homme l'excès de jouissance de toute sorte que la femme lui procure. Si la nature, ayant doué la femme comme elle l'est physiquement, lui avait donné, en plus, du cœur, de l'esprit et du bon sens, la femme aurait trop de puissance.

« La sottise et la passion de l'homme aidant, la femme finirait par pouvoir modifier le monde. D'après tout ce que je viens de vous dire, reprit mon mari, je ne me crois en droit d'attendre de vous, ma chère, aucune des vertus et des qualités qui ne sont le fait de votre sexe. Je serai bon pour vous, je vous ferai du bien, vous me récompenserez en me faisant du mal, je m'y attends. Je vous serai fidèle ; si vous me trompez, j'en souffrirai peut-être, mais je n'en serai pas surpris. La seule chose que je vous demande, que j'exige de vous, c'est que vous respectiez toujours votre beauté, c'est que vous suiviez aveuglément les conseils que je vous donnerai pour la conserver. »

Tel était l'espèce de fou philosophique, et tant soit peu naïf, que mon étoile m'avait donné pour mari. Je dois lui rendre la justice de convenir que sa folie était douce et qu'il s'ingéniait constamment à me rendre l'existence agréable et facile. Il me laissait la plus entière liberté de tout ranger et déranger dans la maison, de recevoir qui je voulais, d'aller et venir à ma guise. Il était généreux, parfois même prodigue, et se plaisait à me faire de jolis cadeaux. Je m'attachais à lui insensiblement, autant par reconnaissance que par habitude.

— Vous pensez, lui disais-je un jour, que les femmes sont toutes sans cœur. Je vous assure que vous avez tort, au moins en ce qui me concerne. La preuve en est que je ferai toujours mon possible pour vous rendre heureux.

— Je ne dis point que les femmes n'ont pas de cœur, répondit-il, mais seulement qu'il n'est point nécessaire qu'elles en aient. Je ne vous demande pas de m'aimer ; ce serait inutile. Je n'exige de vous que de la soumission à mes idées.

Malheureusement, comme il arrive presque toujours, c'était précisément ce qu'il me demandait que je ne pouvais prendre sur moi de lui accorder. J'ai toujours été chatouilleuse ; et il passait son temps, dans mon cabinet de toilette, gravement occupé à me déshabiller, m'examiner des pieds à la tête, me toucher et me caresser. Je ne pouvais ni me vêtir, ni me dévêtir, ni prendre un bain, ni me mettre au lit, ni en sortir, ni même procéder à mes ablutions, sans l'avoir là, à trois pas de moi, s'extasiant à haute voix sur « mes beautés ». On ne peut se faire une idée de l'agacement nerveux que cette manie me causait. Mon humeur, douce et complaisante d'habitude, avait fini par s'en altérer. Et mon mari était assez sot pour s'en chagriner.

Je ne dois pas manquer d'ajouter qu'il faisait tout ce qu'il pouvait pour éveiller mes sens et les exciter. Tantôt par ses paroles, tantôt par la lecture d'ouvrages licencieux qu'il m'apportait, tantôt par des caresses pleines de recherches et passionnées, il me poussait à rechercher les plus voluptueuses sensations. Je faisais les plus grands efforts pour lui complaire sous ce rapport, sans cependant y parvenir.

Il y avait des jours où, étant mieux disposée que d'autres, il me semblait que j'allais me laisser vaincre. Mais ma froideur native reprenait bientôt le dessus et je finis par ne plus accorder à mon mari les faveurs auxquelles le mariage lui donnait droit, sans exiger de lui, d'avance, qu'il me fît cadeau de quelque bijou de grand prix.

Il poussait la bonhomie jusqu'à rire et à plaisanter de cette situation anormale. Moi, j'en riais aussi, et j'en abusais.

— Tu vois, je fais tout ce que tu veux, lui disais-je.

Et j'ajoutais bien vite :

— Excepté ce qui m'est désagréable.

Il affirmait que j'avais beaucoup d'esprit. Je lui fis un jour une confession de principes qui faillit le rendre fou de bonheur :

— Malgré la répulsion instinctive que me fait éprouver certain acte que vous aimez trop, lui dis-je un jour, répulsion qui, je crois, provient du souvenir de ma première nuit de noces, je ne puis m'empêcher d'admirer la nature, de trouver qu'il y a je ne sais quoi de grand, et même de touchant, dans l'action de la femme qui ouvre son corps à l'homme qu'elle aime, et qui lui dit : « Sois heureux par moi et dans moi. »

— O Aimée, tu étais faite pour me comprendre ! s'écria-t-il en m'embrassant.

— Si je me donne autant de peine, me dit-il un

autre jour, et si je te tourmente si souvent, il ne faut pas m'en vouloir. C'est que je veux faire de toi, pour ton bien, ce que doit être ici-bas, selon le vœu de la nature, toute jeune et jolie femme : un délicieux instrument de plaisir.

CHAPITRE VII

SOMMAIRE

Grâce aux conseils de mon mari, mon succès ne fait que grandir. — Principes pour réussir dans le monde. — La querelle des brunes et des blondes. — Révolution dans le costume. — Notre maison est montée sur un grand pied. — Affreuse découverte : nous sommes pauvres, nous avons des dettes.

Si le marquis de B... avait eu le talent d'écrire, et si l'envie de publier ses idées lui avait traversé l'esprit, je suis certaine qu'il n'aurait pas manqué de se faire une réputation dans les lettres, car il était instruit, lisait beaucoup, surtout de vieux livres, et il avait sur toutes choses les opinions les plus originales et même les plus excentriques. Dès l'instant où il enfourchait son dada, il se montrait plein d'intelligence et d'invention. Grâce aux conseils qu'il me donnait, concernant les moindres détails de ma toilette, et que j'avais le bon esprit de suivre docilement, mes succès comme femme

ne tardèrent pas à dépasser ceux que j'avais obte-
nus comme jeune fille.

« Le plus sûr moyen pour une femme de réussir
dans le monde, m'écrivait-il un jour où je me
trouvais à Galardon, auprès de mon père malade,
c'est d'avoir une certaine originalité qu'on ne
puisse retrouver chez personne d'autre; c'est d'être
toujours, et dans un certain sens, dans le sens le
plus accentué chez elle par le caprice de la nature,
un type représentant une grâce particulière, un
type doué d'un charme distinct. Il ne faut jamais
qu'une femme cherche à ressembler à une autre
femme, à se modeler sur personne. Si, dès son début dans le monde, elle ne sait pas être « elle-
même », elle est perdue. Recherchons maintenant
le moyen, pour une femme, d'être véritablement
et intelligemment originale. La chose est simple.
Si cette femme a une qualité qui n'appartienne qu'à
elle seule, il faut qu'elle ait le talent de la mettre
en relief, qu'elle l'exagère, la pousse à l'excès. Il
suffit quelquefois de fort peu de chose pour se
constituer une originalité. Telle femme a la beauté
de ses yeux, de ses dents, de ses mains, de ses
pieds. Telle autre a le caractère particulier de sa
démarche, de son maintien, de sa tournure. Telle
autre encore a su se faire une réputation de
« femme séduisante », uniquement à cause de sa
manière originale de se coiffer ou des soins qu'elle
met à choisir ses chaussures. Quelquefois, une
femme qui n'a ni qualité ni beauté suffisante pour
attirer l'attention sur elle trouve moyen de réussir

par un défaut corporel. Ceci est le comble de l'art
féminin. Quand la femme dont je parle est intelligente, elle se hâte de tranformer ce défaut en qualité. C'est en l'exagérant qu'elle y parvient.

« Telle femme réussira donc par un léger accent
étranger, auquel elle aura donné quelque chose de
musical. Telle autre a les hanches trop fortes, le
corsage trop accentué ; elle en fait une séduction
par la manière de se vêtir, de se tenir et de marcher. Certaines femmes qui ont ce défaut de vision
qu'on appelle le « regard incertain » ont pu faire
des passions, grâce à cette excentricité de leurs
yeux. Le monde est si gâté, si blasé, il aime tant
l'imprévu, l'inattendu, le bizarre, quelquefois même
l'inouï, le baroque, le fantasque, qu'il finit par
trouver piquante l'expression de deux yeux ne
marchant pas ensemble. »

Toute la lettre était sur le même ton.

J'ai eu le bon esprit de la conserver. Si je ne la
cite pas en entier, c'est seulement afin d'éviter les
redites.

On peut voir maintenant quelle était l'originalité
particulière du caractère de mon mari. C'est en
vertu des principes développés dans sa lettre, c'est
en les appliquant à ma personne, trouvant d'ailleurs en moi une élève docile, qu'il parvint en peu
de temps à faire de moi, selon ses propres expressions, « une femme à la mode des plus accom-
plies ». Jusqu'alors, grâce à la beauté de l'impéra-
trice Eugénie, à celle de quelques dames de son
entourage, toutes blondes ou d'un blond doré, il

semblait qu'une femme ne pouvait mériter de passer pour jolie en France si ses cheveux n'étaient
pas de la nuance que le Titien rendit si célèbre.
L'engouement à cet égard était devenu tel, il était
si irréfléchi que, peu à peu, quelques femmes du
monde, qui avaient des cheveux noirs ou châtains,
se modelant sur certaines courtisanes en renom,
n'avaient point hésité à se faire teindre. Mon mari,
qui avait toujours eu, disait-il, une horreur instinctive pour toutes les nuances du jaune, ne
m'eut pas plus tôt épousée qu'il déclara que le
moment était venu de rendre aux brunes la justice
qui leur était due en les remettant à la mode. Me
voilà donc, pour lui complaire, soignant plus que
jamais mes beaux cheveux noirs, me coiffant de
façon à les faire valoir et bien voir. Comme je ne
pouvais pas toucher à mes yeux sans m'exposer à
leur faire tort, je me contentais de les laisser
briller de tout leur éclat. Mais ce n'était pas tout.
Il y avait alors à Paris, sans me compter, deux
autres femmes bien connues, deux brunes, toutes
deux fort belles et appartenant à des catégories
différentes de la société. Elles auraient pu me porter ombrage, ou, selon l'expression de mon iro-
nique mari, « me disputer l'empire des cœurs ».
La première de ces femmes était madame Viardot,
la grande cantatrice, que la reprise de l'*Orphée* de
Gluck venait de remettre en évidence. La seconde
était une courtisane de la plus haute volée, célèbre
dans l'Europe entière, autant pour son esprit que
pour sa distinction et sa beauté, madame Barucci.

A ne nous juger toutes trois que par une de nos
qualités physiques, nous avions, d'après l'opinion
de mon mari, la même magnifique et abondante
chevelure d'un noir bleuâtre, les mêmes grands
yeux de velours noir et les mêmes sourcils. Entre
madame Barucci et moi surtout, il y avait, dans
le teint très mat et cependant rosé, dans la beauté
des dents, des pieds et des mains, une ressemblance un peu plus précise. Nous nous faisions
habiller toutes les deux chez la même couturière,
nous nous y rencontrions quelquefois, nous por-
tions forcément des costumes à peu près semblables, et il était arrivé parfois, aux courses de
Longchamp, comme à la promenade et au théâtre,
qu'on nous avait prises l'une pour l'autre. Sans
même s'inquiéter des inconvénients qu'une pareille
ressemblance, quoique si flatteuse pour moi, pouvait avoir, mon mari se mit dans la tête de me
faire effacer les femmes qu'il appelait mes « deux
rivales ».

— Tu n'as rien à redouter de madame Viardot,
me dit-il. Elle se montre peu, sort à peine, on ne
la voit que sur la scène. Ensuite, elle est plus âgée
que toi, elle a les traits plus gros. Les avantages
réels qu'elle a sur toi ne peuvent être appréciés
que sur les planches : c'est son talent incomparable, sa voix d'or, comme pourrait dire un poète;
ensuite, ce sont ses jambes, qu'elle montre dans le
rôle d'Orphée, et qui sont vraiment admirables.
Quant à madame Barucci, dont le sang est florentin, comme celui qui coule dans tes veines, c'est

une autre affaire. Je l'ai beaucoup connue autrefois. Elle est extrêmement séduisante. Mais rassure-toi : tu lui es supérieure. Ainsi, elle a le teint mat ; le tien est coloré, agréablement nuancé de blanc et de rose. Ta véritable supériorité sur elle, cependant, n'est pas là. Elle est tout entière dans ce fait que tu es plus grande qu'elle, qui, cependant, est déjà si grande.

« Si tu veux suivre mes conseils, tu l'éclipseras par ton défaut même. Entre nous, sans vouloir te faire un sot compliment, il est évident que tu es trop grande. Pour un observateur, il y aura toujours un défaut de proportion entre l'élévation de ta taille et celle de la moyenne des femmes que l'on rencontre. Tes formes sont très élégantes, minces, sveltes ; c'est dans ces formes élégantes et dans ta taille si grande, trop grande, que consistent ton originalité et ton plus grand charme.

« C'est donc par là, en exagérant ton défaut, le poussant à l'excès, accentuant son originalité, c'est en faisant de ce défaut une qualité, une beauté, que tu dois vaincre et que tu vaincras.

« Si tu étais jamais assez mal inspirée pour chercher, par ta manière de t'habiller, de te tenir et de marcher, à réduire ta taille, à la ramener aux dimensions ordinaires, tu perdrais tout ton charme, tout ton chic, devrais-je dire, afin de me faire mieux comprendre, et, cherchant à corriger un défaut précieux, tu ne parviendrais qu'à te suicider. Je termine, ma chère Aimée, en résumant tout ce que je t'ai dit dans un seul principe : « Tu es trop grande : pour réussir, il faut que tu grandisses encore. »

Telles étaient les préoccupations les plus vives de mon mari, telles étaient les conversations que nous avions ensemble. Quoique j'eusse déjà le goût de la toilette, quoique le mariage n'eût fait que développer encore en moi la passion des chiffons, il me semblait souvent que, entre deux nouveaux mariés, il aurait pu y avoir de plus sérieux sujets de méditation et d'épanchement. Je m'étais figuré, comme toutes les jeunes femmes l'eussent fait à ma place, que mon mari s'attacherait à cultiver mon esprit et former mon cœur.

Malheureusement pour lui et pour moi, ma personne matérielle, seule, l'intéressait.

Pour obéir aux prescriptions qu'il m'avait indiquées, qui me paraissaient naïves, originales, et répondaient d'ailleurs à mon inclination personnelle, j'opérai une transformation radicale dans toute ma personne. La première, à Paris, j'eus le courage de renoncer aux cages en fer et à la crinoline. Je me fis faire des robes collantes et longues, qui me moulaient tout le corps, me serraient les épaules, les hanches, et découvraient mes pieds, dont j'étais très coquette, mon mari affirmant que les jolis pieds étaient faits pour être montrés et que c'était aux femmes qui avaient les pieds difformes de les cacher.

Les bottines en peau de chevreau fines et souples que je portais invariablement à la promenade, moulant parfaitement la forme de mes pieds, avec

7

leurs talons hauts, évidés, me faisaient paraître encore plus grande et contribuaient à donner à ma démarche le balancement voluptueux que recherchent les Andalouses. Ce fut encore moi qui, la première, pour m'étoffer un peu, eus l'idée de faire bouffer ma jupe sur les hanches et de porter en arrière de très larges nœuds de ceinture aux longs bouts flottants.

En marchant, et je m'exerçais à marcher à grands pas, je me tenais habituellement les bras un peu serrés au corps, le buste penché en avant. Mon mari trouvait ce maintien ravissant. La première encore, j'affectai de me parer de mes cheveux noirs, de les montrer le plus possible. J'en avais toujours quelques longues boucles qui me pendaient, par derrière, entre les épaules. Une innovation dont je ne fus pas peu fière fut de renoncer aux chapeaux fermés.

On ne me vit plus à Paris que coiffée d'un de ces chapeaux de voyage et de campagne dont on peut varier la forme à l'infini, au gré de son imagination, et qui se prêtent si bien à faire valoir la beauté du visage des femmes. Les miens étaient invariablement noirs, presque toujours formés de velours et de dentelles.

La voilette seule était blanche, en « tulle illusion », extrêmement légère, transparente, et renfermait tout le visage. Mes yeux ne perdaient rien à briller à travers la trame très fine de ce tulle. Mon mari me disait qu'on aurait pu les comparer à des étoiles scintillant derrière un nuage. Les

femmes ne se lassent jamais de parler d'elles-
mêmes. Je continue donc. En peu de temps, grâce
à la docilité que je mis à suivre les conseils de
mon mari, je devins l'une des femmes les plus élégantes et les plus recherchées de Paris. Chaque
jour, lorsque le pavé était sec, je remontais à pied,
vers cinq heures, l'avenue des Champs-Élysées,
suivie à quelques pas par ma voiture ou par mon
valet de pied. Tout le monde se tournait pour me
voir passer. Je tranchais tellement, par mon costume, comme par le caractère particulier de mon
visage et de ma tournure, sur les grosses blondes
à crinoline et chignon jaune qu'on rencontrait partout depuis dix ans ; je ressemblais si peu, de visage et de manières, à aucune autre, que mon
apparition dans un lieu public causait toujours
une visible sensation. Les petits journaux ne
tardèrent point à parler de moi. Comme j'étais
habituellement vêtue d'étoffes sombres, ils me
surnommèrent la « Dame noire ». Et de fil en
aiguille, afin d'amuser le public, ils me prêtèrent
insolemment des aventures qui n'étaient jamais
arrivées.

Mon mari était radieux. Il avait donc enfin une
femme selon son rêve. Rien en moi ne clochait,
du moins pour ses goûts. Il me quittait le moins
possible. Quand vint l'hiver, il prit l'habitude de
m'accompagner chaque soir à l'Opéra ou aux Ita-
liens. De là nous allions dans le monde, où mon
succès ne faisait que grandir. Il y a une très
grande différence entre le succès qu'une jeune fille

peut obtenir dans les salons et celui qu'on y fait à une femme mariée.

C'est à peine si les hommes peuvent parler — et encore ce n'est que de banalités convenables — à une jeune fille. Ils ne lui manifestent donc guère leur admiration que par les regards. Ce sont les femmes qui, seules, sont autorisées à dire à la jeune fille qu'on la trouve belle. Une fois qu'elle est mariée, la scène change. Tous les hommes, jeunes et vieux, et surtout les vieux, sollicitent l'honneur de se faire présenter à elle. Ils ne se gênent guère, ils ne se gênent même pas du tout, pour lui dire tous, quelques-uns en observant les convenances les plus parfaites, le plus grand nombre, malheureusement, avec une liberté de langage encouragée par la trop grande facilité des relations, « qu'elle est douée de toutes les grâces, de toutes les beautés, qu'on ne peut s'empêcher de l'adorer, et qu'on ose espérer qu'elle ne se montrera pas toujours insensible ».

J'étais fière de mon succès, surtout de voir que les hommes paraissaient me préférer aux autres femmes. Laquelle de nous n'aurait éprouvé les mêmes sentiments, à ma place? Mais j'étais quelquefois un peu choquée d'apprendre que les belles choses qu'on me débitait, on ne se gênait nullement, ne pensant même pas mal faire, pour les débiter à d'autres femmes, et dans les mêmes termes, et je ne me sentais pas peu mortifiée de voir que, même sur le ton de l'enjouement, on paraissait admettre, comme une chose probable et toute naturelle, que je pourrais être un jour infidèle à mon mari. Encore une fois, je ne ressentais pas d'amour pour ce mari. Mais que l'on juge une fois comme il doit l'être le cœur de la femme : en dépit de ses petites manies, l'habitude de vivre ensemble, autant que sa générosité, commençait insensiblement à m'attacher à lui. Je ne me décidai pas toujours facilement à lui complaire, mais je ne lui aurais pas fait volontairement la moindre peine, et, s'il avait la plus légère indisposition, je le soignais avec dévouement.

Pour revenir au monde, mon succès y était très grand. Je puis dire sans immodestie que j'étais la reine de toutes les fêtes. Comme j'avais su me faire, grâce à mon mari, une originalité bien tranchée, je ne tardai pas à trouver un grand nombre d'imitatrices. Grâce à moi, les femmes brunes redevinrent à « la mode ». Les cheveux noirs, tantôt disposés de chaque côté de la figure en nattes longues et épaisses, tantôt répandus sur la nuque en rouleaux allongés, les cheveux noirs, bleuâtres et lustrés, éclipsèrent les affreuses tignasses jaunes et rousses. Ce fut encore à moi que l'on dut la disparition de la crinoline, qui faisait ressembler les femmes à des cloches. Je fus la première, quelque temps la seule, qui osât découvrir ses pieds en marchant. Les femmes m'exécraient ; les hommes « comme il faut » me faisaient tous des compliments, et les gamins des rues m'appelaient la Girafe.

Comme il y a, comme il y aura toujours cer-

tains côtés futiles dans le caractère de la femme,
— et n'est-ce pas ce qui fait son charme? — je me
sentais heureuse et fière d'être devenue une per-
sonnalité. Il me semblait, dans ma naïveté, que la
mode m'appartenait, parce que dans quelque salon
que j'allasse, tous les hommes, toutes les femmes
elles-mêmes, me disaient que j'étais la belle des
belles; parce que je ne pouvais traverser une rue
sans que toutes les personnes qui s'y trouvaient,
sans exception, se retournassent pour me regarder.

J'étais heureuse et vaine; mais je n'allais pas
tarder à expier, bien cruellement, les quelques
mois de satisfaction que j'avais goûtés.

Jusqu'alors, avec l'insouciance de mon âge, je
ne m'étais jamais inquiétée, ni même occupée de
notre situation de fortune. J'avais si peu d'expérience, j'étais si peu habituée à me priver et à
compter, qu'il me semblait que les gens du monde
devaient être tous riches, par le seul fait de leur
naissance et de leur éducation, et ne pouvaient
jamais, en aucune circonstance, perdre leur fortune. Si quelqu'un m'avait dit que je serais un
jour tourmentée à la pensée d'un mémoire à payer
à mon cordonnier ou à ma couturière, je lui aurais
simplement ri au nez. Mon mari, qui voyait et
faisait tout en grand, avait mis, dès le premier
jour, notre maison sur le pied le plus respectable.
Nous avions dix chevaux, un piqueur, deux
cochers, trois garçons d'écurie, un jardinier, un
portier, un chef, un sommelier, deux aides de cui-

sine, trois valets de pied, une lingère, un valet de
chambre pour le service de mon mari, deux
femmes de chambre pour le mien, et un courrier.
Tout ce monde coûtait cher, mangeait beaucoup,
buvait de même et se donnait le mot pour nous
voler. Ni mon mari ni moi ne tenions compte de
l'argent dépensé. Grâce au sang maternel, je
n'avais que trop malheureusement des dispositions
pour le luxe et la toilette. Loin de me retenir, mon
mari me poussait constamment à me modeler sur
les femmes de la société les plus dépensières et les
plus riches. A l'entendre, et quoi que je fisse, je
n'étais jamais trop bien mise. Et puis, ne nous
fallait-il pas tenir table ouverte? Dès que l'une de
nos voitures commençait à se détériorer, les
livrées de nos gens à n'être plus fraîches, on les
changeait. Tout cela se paye, d'une manière ou
d'une autre, tôt ou tard. Un jour, à l'occasion d'un
mémoire de carrosserie, d'une quinzaine de mille
francs, l'orage éclata. A la suite de longues et
pénibles discussions, il devint avéré pour moi que
mon mari, en m'épousant, n'avait d'autre fortune
que des dettes; que, depuis notre mariage, nous
avions vécu de ma dot et fait quelques dettes nouvelles; que l'hôtel où nous logions était hypothé-
qué pour la totalité de sa valeur; que mon beau-
père, le vieux duc de B***, ne pouvait nous aider,
étant aussi à court d'argent et aussi endetté que
nous-mêmes. Comme, du côté de ma famille, la
fortune, depuis notre exil, n'avait jamais été bien
considérable, ni même bien liquide, nous ne pou-

vions attendre de là aucun secours. Mon père
d'ailleurs, avait quatre enfants, sans compter celui
dont l'avait affublé Gobert, à doter et à marier.

Il se devait à eux bien plus qu'à moi, puisque
j'avais déjà reçu ma dot. Comment aurais-je osé,
au surplus, avouer à mon père, et surtout à ma
mère, l'affreuse situation dans laquelle nous nous
trouvions ? Mon mari, aux abois, avait commencé
à vendre quelques-uns de ses plus beaux tableaux.
Dans l'espoir de se procurer un peu d'argent
comptant, de temps à autre il faisait une petite
opération à la Bourse ou jouait à son club.

Et c'est ainsi que nous vivions après six mois
de mariage.

CHAPITRE VIII

SOMMAIRE

*S'étourdir. — Je m'abandonne à mon triste sort.
De quoi se composait ma vie. — Je n'ai jamais
eu qu'une passion. — Perplexités. — Je m'a-
dresse à ma mère. — Secours inattendu. —
Madame de Couradilles. — Une jolie entremetteuse. — Proposition tentante. — Situation tragique. — Suprêmes préparatifs.*

J'eus assez d'empire sur moi-même pour ne faire
aucune récrimination, n'adresser à mon mari aucun reproche.

Quoi que je lui eusse dit, au surplus, je me serais
donné une peine inutile : il aurait toujours eu raison.

N'ayant jamais eu d'autre occupation que de
satisfaire ses passions, ne se sentant propre absolument à rien d'utile ou, du moins, qui fut assez
productif pour couvrir nos dépenses, quand même
elles auraient été réduites de moitié, il se laissait
aller insouciamment au courant des choses, comp-

tant sur le hasard, sur l'imprévu, qui, selon lui, joue le principal rôle dans toutes les affaires de ce monde. Il paraissait n'avoir qu'une seule règle de conduite : s'étourdir!

C'était, en vérité, un bien singulier homme. Il n'avait pas un grain de méchanceté. Sa candeur, quoiqu'il fût constamment dans le vice et dans le faux, était celle d'un enfant à la mamelle, il était homme du monde, il avait de l'expérience, on ne pouvait le soupçonner de sottise, ni même de banalité. Et, uniquement parce que, jusqu'alors, il avait été habitué à représenter, à vivre d'une certaine manière, à fréquenter intimement des gens qui, étant riches, pouvaient impunément, et plus légitimement que lui, faire figure, il n'entrait pas dans sa pensée que étant marié, il y avait pour lui une certaine opportunité à changer de système et de régime de conduite, et que, avant de condamner sa femme à cette existence d'expédients qu'il avait pu impunément mener depuis sa sortie du collège, il aurait été au moins équitable de la consulter. Ce qu'il y eut de plus affreux pour moi dans tout cela, ce qui devait avoir les plus terribles conséquences pour mon avenir, c'est que, le voyant si calme dans ses dettes, si peu craintif du lendemain, si confiant dans son étoile, si convaincu de sa propre infaillibilité, il m'amena insensiblement, et sans me sermonner, à sentir comme il le faisait lui-même. Me voilà donc à vingt ans, acceptant cette vie de la bohême dorée du grand monde, ne luttant pas, autant par paresse native que par impossibilité de lutter, me laissant doucement aller au fil de l'eau, comme une noyée, ne me doutant même pas alors que, étant femme, jeune, belle, adulée, courtisée, j'avais une ressource extrême pour me tirer d'affaire, ressource que mon mari n'avait pas, lui, et qui ne pouvait être le sujet d'aucune discussion entre nous.

Ce fut précisément au moment de mes plus grands succès que je fis la découverte de notre ruine totale, irrémédiable.

Elle me cassa bras et jambes. Mais, stimulée par mon mari et entraînée par l'habitude, je n'eus même pas la pensée de modifier la plus petite chose de mon train de vie. Mêmes occupations, mêmes dépenses. Un jour, cependant, nous examinâmes, à tête reposée, s'il n'y avait pas moyen de retrancher quelques petites choses dans le train ordinaire de notre existence. Nous ne trouvâmes rien, absolument rien. Toutes les dépenses que nous faisions étaient utiles, indispensables. Je proposai de sacrifier mes nippes; mon mari émit en tremblant l'idée de supprimer les voitures et les chevaux, mais nous n'y consentîmes ni l'un ni l'autre.

La chose nous paraissait trop ridicule. Et, d'ailleurs, qu'aurait dit le monde si, après quelque temps de mariage, il m'avait vue aller à pied?

Nous continuâmes donc à vivre comme par le passé. A cela près que je n'avais pas cent sous dans ma bourse et dépensais, à moi toute seule, cent mille francs par an pour ma toilette, mon existence ressemblait, de tous points, à celle que mènent toutes les femmes.

. A une telle existence je ne cherche ni excuse ni explication même. Je me contente de la constater.

Passer toutes ses journées hors de chez soi, à courir en voiture de magasin en magasin pour choisir des étoffes, puis essayer des robes chez sa couturière, de là, promener en public les toilettes et les coiffures de son invention..... il n'y a besoin pour cela, ni d'un bien grand mérite, ni d'un bien grand cœur. Ce n'est pas mal en soi. Ce n'est peut-être pas non plus très bien. Il est certain qu'on pourrait faire autre chose. Mais on est femme, jeune, belle. Et c'est amusant! c'est amusant!

Voilà tout.

Je n'en peux pas dire davantage.

Dût-on m'en faire un crime, j'avancerai courageusement que je n'ai jamais eu qu'une seule véritable passion, celle de la toilette. Je ne sais pas si toutes les femmes sont comme moi, et je m'en inquiète peu. Mais encore aujourd'hui, où je suis arrivée à l'âge de la maturité dans la réflexion, la seule pensée d'une mode nouvelle, et qui me siérait, je me sens sur le point de devenir folle.

Ma passion, depuis bien longtemps, était devenue une sérieuse occupation. J'avais pris pour habitude de composer mes toilettes moi-même, me confiant à mon bon goût et à mon esprit inventif.

. Un mannequin de ma taille était placé devant

moi, je disposais sur lui, avec des épingles, les étoffes que j'avais achetées pour en faire des robes. Je trouvais ainsi souvent des motifs d'une élégance ravissante. Mon mari s'en allait disant partout que je jouais à la poupée, mais cela m'était bien égal.

Je composais aussi des coiffures et mes chapeaux sur une tête à perruque. Mais cela, malheureusement, ne me faisait faire aucune économie. Au contraire.

Tel était mon genre de vie enivrant et absorbant, quand notre situation pécuniaire descendit encore d'un cran.

Plus d'argent à la maison ! Les avances que le chef avait faites pour la bouche s'élevaient à deux mille francs ; le piqueur en avait avancé douze cents pour payer le grainetier ; depuis six mois, les gages d'aucun de nos gens n'avaient été payés ; on clabaudait chez le portier et à l'office ; les mémoires des fournisseurs nous arrivaient dru comme grêle, avec des lettres insolantes, presque menaçantes.

Déjà même on avait remis à mon mari des papiers timbrés Le malheureux, ne sachant littéralement plus où donner de la tête, jouait, le jour à la Bourse, le soir au club, pour essayer de se refaire.

Mais, hélas ! il perdait, il ne payait pas, et l'avalanche des dettes grossissait.

Il n'osait pas chercher à emprunter, dans la crainte de démasquer notre affreuse situation.

D'ailleurs, lui aurait-on prêté? Notre ciel était gros
d'orages. Nous faisions les plus grands efforts
pour tenir bon le plus longtemps possible. Mon
mari maigrissait, changeait à vue d'œil. Parfois,
je surprenais des larmes dans ses yeux.

Il nous paraissait extrêmement important que
le monde ne soupçonnât pas notre position. Personne ne pouvait nous sauver; l'animosité dé-
chaînée pouvait aggraver nos désastres en les
ébruitant. C'était ainsi, du moins, que nous pen-
sions.

Ils s'ébruitèrent. Il y avait trop de gens qui pen-
saient avoir intérêt à savoir exactement où nous
en étions, pour garder toujours le silence. Nous
faisions bonne contenance, mon mari et moi;
mais déjà dans le monde, parmi les hommes qui
me faisent la cour, il y en avait quelques-uns qui
devenaient plus explicites.

Évidemment, selon l'expression de mon mari,
« les chacals avaient flairé notre ruine ».

« Toutes les richesses de l'univers, si je les possédais, me disait l'un, je les donnerais volontiers
pour être distingué de vous. »

Celui-là était vingt fois millionnaire, et, en par-
lant ainsi, ne s'aventurait pas beaucoup.

Un autre, plus familier ou plus grossier, me ser-
monnait ainsi :

— Soyez donc plus gentille. On sait que vous
êtes gênée. On serait trop heureux de se mettre en
quatre pour vous.

Un autre encore, mieux élevé ou plus discret, se

contentait de me serrer la main en soupirant, et me disait :

— Si jamais il vous arrivait d'être obligée de recourir aux services d'autrui, c'est à moi que vous vous adresseriez, n'est-ce pas ? Je serais si heureux de vous venir en aide !

Je répétais tous ces propos à mon mari.

Il en riait aux larmes, malgré ses préoccupations et sa tristesse. Je ne sais pas ce qu'il pensait de moi, mais il me dit :

— Ma chère, ne prends pas ces paroles au sérieux. Ces farceurs seraient enchantés de devenir tes amants, mais ils ne donneraient pas six sous pour cela. Je les connais. Ce sont des pingres.

Quelques secondes plus tard, sous forme de réflexion, il ajouta :

— Ce n'est point ainsi qu'on s'y prend quand on a envie d'une femme.

Il n'avait pas un grain de jalousie et, quoique tout le long du jour, il m'entendît m'écrier : « Qu'allons-nous devenir, grand Dieu ! » il ne modifiait rien dans sa manière d'être. Il caressait sa manie érotique avec autant de soin que, moi, je cultivais celle de la toilette. Quelquefois, en plein jour et à propos de rien, il m'invitait à me déchausser et me disait :

— Donne-moi ton joli pied à baiser. Et puis, sans même prendre la peine de tirer le verrou, lorsque nous étions seuls dans mon boudoir ou dans mon cabinet de toilette, sans dire gare, il me prenait sur ses genoux, me troussait comme une servante ;

et puis, moitié de gré, moitié de force, il tirait de moi tout ce qu'il voulait, riant aux éclats et jurant ses grands dieux que j'étais « la plus ravissante des femmes ».

Moi, je le rappelais constamment à la réalité de notre situation. Il en rageait. Cela gâtait ses plaisirs.

Jamais un mot de ce qu'il comptait faire pour nous tirer d'embarras.

De loin en loin, il disait que ses oncles finiraient par mourir et que, alors, selon toute probabilité, nous serions riches. L'un de ses oncles avait soixante ans, l'autre soixante-trois, et ce dernier avait deux enfants naturels. Ils se portaient tous deux fort bien. Leur héritage me semblait terriblement problématique.

Voyant que mon mari n'était bon à rien, je me mettais la tête à l'envers pour chercher le moyen de nous tirer d'embarras, mais je ne trouvais absolument rien de praticable... M'adresser à mon père? Je n'aurais réussi qu'à faire à cet excellent homme une peine inutile. Il lui restait encore cinq enfants à doter, dont deux filles, et il n'aurait pu me donner un liard.

Je pensai un instant à m'adresser à mon cousin Alfred. Je ne l'avais pas revu depuis le jour de mon mariage, où il faisait piteuse mine. Sans faire alors la moindre allusion au passé, il m'avait dit, tout simplement, que je pourrais toujours compter sur son amitié.

Mais il vivait avec sa mère et n'avait pas un sou

de fortune. A quoi bon alors le mettre au courant
d'une situation dont je n'avais lieu d'être fière? Un
instant, je pensai à aller demander conseil à ma
mère. Elle était très experte en toutes sortes de
choses, on ne pouvait pas le nier, et fort capable
d'indiquer une bonne règle de conduite. Mais
depuis l'aventure de Gobert, elle avait toujours eu
l'air gênée devant moi et je craignais d'être mal
reçue. Cependant, je me décidai à aller la trouver,
par acquit de conscience, très embarrassée de
savoir ce que je lui dirais, ne pouvant prendre sur
mon amour-propre de lui tout dire, mais seulement ce qui avait rapport aux affaires d'argent, et
appréhendant fort de la voir accueillir ma triste
confession par une joie sincère.

Je trouvai ma mère charmante, comme toujours.
Elle portait une délicieuse robe de soie lilas qui lui
seyait à ravir. J'en étais jalouse.

Elle se leva gracieusement et m'embrassa dès
qu'elle m'aperçut, me gronda doucement sur la
rareté de mes visites et enfin m'écouta parler.

Je lui dis simplement que mon mari était beaucoup moins riche qu'il ne l'avait dit en m'épousant, que le chiffre de nos dettes augmentait chaque
jour, que nous étions gênés et que, sachant combien elle était de bon conseil et comme elle m'aimait, j'étais venue la consulter, lui demander quel
parti je devais prendre.

Ma mère accueillit ma confession par un véritable cri du cœur et de la nature.

— C'est amusant pour moi ! s'écria-t-elle en sau

tant de son siège et choquant ses deux mains l'une
contre l'autre. Avec le caractère que je te connais,
tu ne sauras jamais garder pour toi le secret de
votre gêne; tout Paris le saura demain; on dira
que je t'ai mal mariée, que je n'avais pas pris assez
d'informations sur mon futur gendre. Ah! c'est
bien amusant pour moi!

Cette sortie fut tout ce qu'il me fut possible de
tirer du modèle des mères. Elle n'avait vu dans la
ruine de ses enfants qu'un inconvénient pour elle.
Peut-être voulait-elle que je la plaignisse!

« Tu n'as que ce que tu as mérité, me disais-je
en rentrant chez moi. Quel besoin avais-tu de lui
raconter tes chagrins? Pouvais-tu ignorer de quelle
manière elle les accueillerait? »

Je me sentais découragée par l'école que je venais
de faire, je me voyais si isolée, si abandonnée, que
je passai le reste de la journée à examiner sérieusement avec moi-même si je ne ferais pas bien de
me consacrer au théâtre.

Je me voyais déjà devenue subitement l'une des
reines du chant, ayant fait de brillants débuts à
l'Opéra, gagnant des millions avec mes roulades.
Mon mari, qui rentra chez moi comme je m'amu-
sais à ces beaux rêves, m'ayant demandé à quoi je
pensais, je le lui dis tout naïvement. Mais, d'un
seul mot, il fit tomber mon enthousiasme.

— Ton intention est bonne, me dit-il, mais elle
est irréalisable. On t'applaudit dans les salons, on
te sifflerait au théâtre. Je regrette de t'enlever tes
illusions, mais tu n'as qu'un talent de société.

Le lendemain matin, comme j'étais encore sous
la double influence des sèches paroles de ma mère
et de mon mari, il m'arriva une aventure qui
devait bientôt bouleverser toute ma vie.

Il était encore de bonne heure et j'étais dans
mon cabinet de toilette, occupée à me coiffer;
mon mari venait de sortir pour tâcher d'apaiser
un créancier qui se montrait de méchante humeur ;
ma femme de chambre vint me dire qu'une blanchisseuse de dentelles, dont elle me remit la carte,
demandait à me parler. Quoique je n'eusse pas
invité cette femme à venir chez moi, son nom
m'étant connu, — elle avait pour clientes quelques-
unes de mes amies les plus intimes, — je permis
qu'on la fît entrer.

C'était une petite femme à l'air distingué, blanche
et rose, toute mignonne, gentiment potelée, aux
yeux d'un bleu profond, aux cheveux d'un très
joli blond doré. Elle me parut avoir une quarantaine d'années, sa mise fort élégante annonçait du
goût et elle se présentait avec aisance. On aurait
pu la prendre pour une femme du monde. Elle
portait à la main un petit carton et, en entrant,
elle me dit qu'elle m'était adressée par une femme
de ma société, qu'elle me nomma.

Je la priai de s'asseoir et renvoyai ma domestique. Quand nous fûmes seules, elle se rapprocha
de moi, souleva son voile et me dit fort tranquillement en me regardant entre les deux yeux :

— Je vous demande pardon, madame la marquise, de m'être servie d'un subterfuge pour m'in-

troduire auprès de vous. Je ne suis pas blanchisseuse de dentelles. Je me nomme la baronne de Couradilles. J'espère que mon nom ne vous est point inconnu. Personne ne m'a envoyée auprès de vous. J'ai appris, par hasard, que vous êtes dans de grands embarras d'argent et je viens essayer de vous en tirer.

Le nom de cette femme m'était, en effet, connu et même très connu. Quelques personnes de nos amies en avaient plusieurs fois parlé devant moi comme d'une femme séparée de son mari depuis longtemps, menant la vie des filles entretenues et ne recevant que des hommes. « Personne ne la salue plus, disait-on ; elle n'est plus reçue nulle part. »

J'étais extrêmement embarrassée. Je voyais que la nouvelle de notre désastre était ébruitée, et il ne me plaisait guère d'en parler.

Cependant, comme madame de Couradilles, tout en m'inspirant assez peu de confiance, affirmait qu'elle pouvait me tirer d'embarras, je réfléchis que je ne courais pas grand risque à la laisser parler, et, d'un geste poli, je l'invitai à s'expliquer.

— Les affaires de votre mari ne m'intéressent pas, me dit-elle. On dit qu'il a un million de dettes. C'est à lui de trouver le moyen de les payer. Mais vous, madame, vous pour qui je ressens toute la sympathie dont vous êtes digne, quelle somme vous faudrait-il pour payer vos petites dettes personnelles ?

— Qu'appelez-vous dettes personnelles, madame?
lui demandai-je.

— Eh! parbleu, cela se comprend. Je veux parler de ce que vous devez à vos fournisseurs particuliers : couturière, cordonnier, marchande de
modes, lingère, bijoutier.

J'étais horriblement perplexe.

— Mon Dieu !..... il me faudrait..... une centaine
de mille francs, répondis-je.

— C'est gros! fit-elle; bien gros! mais cela pourrait se trouver.

Quoique je fusse alors terriblement préoccupée
par les ouvertures que venait de me faire madame
de Couradilles, je ne pus m'empêcher de l'observer.
Elle avait éveillé ma curiosité. En toutes choses,
dans toute sa personne, elle paraissait être absolument le contraire de moi-même : je suis très
grande, elle était petite; j'ai les cheveux très noirs,
les siens étaient du plus délicieux blond doré; elle
avait de beaux yeux d'un bleu très foncé, une
bouche fraîche, de belles dents, un teint éblouissant
de douceur et de clarté. C'était enfin un charmant
spécimen de petite femme blonde.

Tout me sembla mignon en elle : les pieds, les
mains, la taille, les seins; tout était soigné dans
sa mise : le linge, la chaussure, les gants. Plus je
l'étudiais, plus sa personne me plaisait. Son ton
seul me choquait un peu. Je la trouvais trop familière. Pour tout dire en un mot, si je ne craignais
pas de me servir d'une expression un peu triviale,
je dirais qu'elle était, avant tout, « ragoûtante ».

Elle parut embarrassée de se voir ainsi obser-
vée. Cependant, elle reprit vite possession d'elle-
même et me regarda bien en face, semblant
attendre une réponse à l'objection qu'elle m'avait
faite.

— Je ne désire point emprunter, lui dis-je. Il faut
rendre, tôt ou tard, quand on emprunte, et je ne
saurais prendre d'engagement pour l'avenir.

— Qui parle de vous prêter ? fit-elle avec un cri
d'humeur. Il s'agit simplement de vous..... obliger.

— Qui consentirait à m'obliger en cette circonstance ?

— Ce ne serait pas moi, pour sûr ; malgré le vif
désir que j'en aurais, mes moyens ne me le
permettraient pas. Mais ce pourrait être..... un
ami.

— Hélas ! madame, je n'ai pas d'amis.

— Oh ! que si.

— Qui donc ?

— Cherchez.

— J'ai beau faire, je ne trouve pas.

— C'est que vous cherchez mal.

— Mais non. Je fais tout mon possible.

— Je ne suis malheureusement pas autorisée à
vous dire le nom de la personne, reprit-elle. Il
m'est même formellement interdit de vous le faire
soupçonner.

— Vous pouvez bien, au moins, me dire si cette
personne est un homme ou une femme.

— Voilà une question ! C'est un homme, pardieu !

— Quel intérêt peut-il avoir à me donner cent
mille francs pour payer mes dettes ?

— D'abord, il n'est pas dit qu'il vous les donne.
Cent mille francs, c'est excessif ? Cela ne se sera
jamais vu jusqu'ici. Mais supposons que tout se
passe au gré de vos désirs. Je pense que ce monsieur, en vous rendant un si grand service, tient à
gagner votre affection.

— Bon, je conçois. Mais que me demandera-t-il
en échange d'une pareille somme ?

— Cela se comprend suffisamment.

— Mais non.

— Eh bien ! il ne vous demandera rien du tout.
Mais je pense qu'il sera heureux s'il vous voit lui
montrer quelque reconnaissance.

— Et comment voulez-vous que je m'y prenne
pour prouver ma reconnaissance, à l'occasion d'un
pareil service ?

— Cela se demande-t-il ?

— Vous le voyez bien.

— Vous voulez vous moquer de moi, chère
marquise. Une femme comme vous, belle, jeune,
courtisée, a-t-elle besoin qu'on lui dise comment
elle peut récompenser l'ami qui l'aura tirée d'embarras ?

— Oui. J'ai besoin qu'on me le dise.

— Vous êtes vraiment embarrassante. Moi, à
votre âge, lorsqu'un monsieur m'avait rendu quelque service analogue.....

— Eh bien ! achevez donc. Que faisiez-vous ?

Madame de Couradilles était quelquefois d'un cynisme qui n'avait rien de féminin.

— Je le faisais prier de venir me voir, un tel jour, à telle heure, répondit-elle, et je m'arrangeais de façon à ce qu'il me surprît en chemise.

Je me sentais mourir de honte.

— Comme vous dites cela, madame !

— Puisqu'il faut mettre les points sur les *i*.

L'impudence de cette femme me révoltait.

— Et vous dites, repris-je, que cet homme est un de mes amis, un homme que je connais, de ma société ?

— Oui.

— Un homme que je reçois chez moi, peut-être ?

— Je n'en sais rien.

— S'il me connaît, comment se fait-il qu'il ait été vous chercher pour vous charger de cette commission ? Que ne s'est-il expliqué lui-même ?

— Quand vous aurez plus d'expérience, belle marquise, vous saurez que les affaires de « haute galanterie » doivent toujours se passer comme elles se passent aujourd'hui. Un homme de votre société est amoureux de vous. Il apprend, par hasard, que vous êtes dans des embarras d'argent. Naturellement, il en profite pour vous faire agréer ses services, par l'entremise d'une personne adroite et discrète, et cela dans l'espoir de se faire aimer.

Trouveriez-vous plus délicat, de meilleur goût, qu'il s'en vînt vous trouver lui-même, et, entre les deux yeux, comme cela, à brûle-pourpoint, vous proposer cent mille francs pour prix de vos faveurs ?

— Vous avez une manière de dire les choses.....

— C'est la bonne. Et la preuve, c'est que vous me comprenez enfin.

Je l'interrompis aussitôt.

— Dites-moi le nom de cet homme. Je le veux. Il le faut.

— Impossible. Cela ferait tout manquer.

— Mais je vous dis que je le veux.

— Et moi, je vous répète que c'est impossible. Mais voyons, belle marquise, il est temps de vous décider. Vous ne trouverez pas souvent des occasions pareilles. Cent mille francs, c'est une fortune.

— Eh bien ! madame, je me décide à vous prier de sortir d'ici tout de suite, ou je vous fais jeter dehors par mes gens.

J'étais exaspérée. Penser que, sans avoir rien fait pour cela, j'étais tombée si bas dans l'estime publique, qu'un homme de mon monde, que j'étais exposée à rencontrer partout, pouvait n'avoir eu la pensée de m'acheter comme une fille publique avec l'espoir que je me livrerais à lui, cela me mettait hors de moi. Et cette femme, cette horrible entremetteuse, si jolie, qui m'avait tenue là, pendant une heure, familière, me traitant comme si j'avais été l'une de ses pareilles !

Elle s'était levée, elle était partie.

Mais à peine la porte eut-elle été refermée der-

8

rière elle que la pensée de mes embarras d'argent, si pressants, me revint soudain à l'esprit. Je me dis avec terreur que j'avais été peut-être trop prompte à me laisser dominer par l'indignation et la colère. Et je sentis des larmes me monter au bord des yeux.

Mon mari se fit annoncer chez moi sur ces entrefaites.

— Parlez-moi franchement, lui dis-je. Cent mille francs vous suffiraient-ils pour sortir d'embarras et payer vos dettes?

Il me répondit d'un ton dégagé :

— Si j'avais cette somme, je pourrais faire face au plus pressé et j'obtiendrais facilement du temps pour le reste. Mais pourquoi me demandez-vous cela, ma chère? reprit-il.

J'avais froid dans le dos. Cependant je fus assez forte pour payer d'audace.

— Excusez-moi, lui dis-je. C'était uniquement afin de savoir où nous en sommes.

Lorsque mon mari fut parti :

« Comment faire pour revoir cette affreuse femme tout de suite? me demandai-je.

Hélas! la Couradilles ne m'avait pas laissé son adresse.

Et voilà que, maintenant, j'avais pris mon parti, j'étais décidée à me vendre.

Je ne parlerai point des angoisses terribles qui me rendirent malade pendant plusieurs jours. J'avais la fièvre. Je gardai le lit. L'idée de m'immoler me tenait et m'inspirait une sorte de fierté extraordinaire.

Plus j'y réfléchissais, plus je passais en revue, dans mon esprit, tous les détails probables du sacrifice, plus la chose me semblait possible.

La vérité était que mes dettes personnelles s'élevaient à vingt mille francs. Je n'avais dit « cent mille » à la Couradilles que pour être crue, par un singulier amour-propre. Il me semblait que, à l'époque où nous vivons, une femme à la mode ne pouvait pas se contenter d'avoir pour vingt mille francs de dettes, que cela ne paraîtrait probable à personne et ne serait pas, d'ailleurs, considéré comme de « bon ton ».

Je ne devais qu'à ma couturière, laquelle était, naturellement, la meilleure faiseuse de Paris. Or, comme une sorte de liaison familière, et même affectueuse, ne tarde jamais à s'établir entre une femme et l'ouvrière qui l'habille, ma couturière m'adorait, ne cessait de me dire que « je lui faisais le plus grand honneur, que j'étais la meilleure des réclames pour elle et qu'elle me devait sa fortune ». Bref, je me croyais sûre de n'être jamais tourmentée de ce côté. Si je trouvais cent mille francs, je pouvais donc les appliquer en entier aux dettes de mon ménage et, en faisant des économies, cherchant une occupation lucrative pour mon mari, nous pouvions parvenir à nous tirer d'affaire. Oui, mais... cet homme !...

Ici, je ne puis rien traduire des sentiments qui

m'agitaient. Toutes les femmes les comprendront, si elles sont sincères vis-à-vis d'elles-mêmes.

C'était un mélange d'honneur, de répulsion, de craintes vagues, de curiosité.

De curiosité, hélas !

Et comment retrouver madame de Couradilles !

Elle ne s'était pas représentée chez moi, elle ne m'avait pas écrit. Le jour même où je pus me lever et sortir pour la première fois, comme je tournais le bouton de la porte, chez ma corsetière, une femme qui poussait cette porte de l'autre côté, pour sortir, me heurta involontairement, mais si fort, que je faillis tomber à la renverse.

C'était elle, la Couradilles !

Nous nous reconnûmes en même temps. Elle me barra résolument le passage, me dit rapidement :

— Avez-vous réfléchi ? êtes-vous décidée, madame ?

— Sans doute, répondis-je... Mais je ne pouvais vous écrire pour vous prier de revenir. Vous ne m'aviez pas laissé votre adresse.

Par cette seule phrase, j'étais déjà vaincue, perdue, livrée, souillée.

— Mon Dieu, que je suis folle ! avait-elle dit. Puis elle me donna sa carte, en ajoutant :

— J'irai vous voir demain matin. Le temps presse. Votre amoureux brûle.

On peut penser si, le lendemain, j'étais impatiente de voir arriver madame de Couradilles. A huit heures, comme je venais de me lever, on m'annonça enfin la « blanchisseuse de dentelles ».

Je donnai l'ordre de la faire entrer.

Elle entra.

Dès que nous fûmes seules :

-- Donnez-moi les cent mille francs tout de suite! lui dis-je.

— Comme vous y allez ! répondit-elle. L'autre jour, vous ne paraissiez point assez pressée ; aujourd'hui, vous allez trop vite en besogne. Ce n'est point de cette façon que les choses doivent se passer.

— Et comment donc?

— Donnant, donnant.

Quoique ma résolution fût bien prise, je me sentais tout interdite.

— Je suis charmée de vous voir devenue plus raisonnable, reprit madame de Couradilles. Mais il est bon de prendre ses précautions et de ne pas faire de fautes en de telles affaires. Vous ne pourrez sans doute pas recevoir ce monsieur ici ?

— Non, sans doute. Mon mari n'aurait qu'à se méfier, je serais trop facilement surprise.

— Et lui, de son côté, ne peut pas vous recevoir chez lui. Il y vient trop de monde, vous y seriez indubitablement rencontrée.

— Allons, je ne sais pas...

— Il faudra donc que l'entrevue ait lieu chez moi, reprit madame de Couradilles. Oh ! ne redou-

8.

tez rien. Vous serez à l'abri des indiscrets et vous aurez toutes vos aises.

— Mon Dieu, je n'en doute pas. Mais...

— Mais quoi?

— Je voudrais bien savoir le nom de ce monsieur.

— Je vous ai déjà dit que c'était impossible,

J'avais hâte d'en finir. Cette conversation me mettait au supplice.

— Quel jour donc? demandai-je.

— Voulez-vous demain?

— J'aimerais mieux après-demain.

— Pourquoi?

— Demain, je ne serai pas disponible.

— Je comprends. Va pour après-demain. A quelle heure?

Je me mourais. Je dis:

— Deux heures.

— C'est entendu. Vous avez mon adresse. N'allez pas l'oublier.

— Oh non!

— J'espère bien, reprit-elle, que cette affaire n'est pas la dernière que nous ferons ensemble.

— Je vous suis obligée.

— Il n'y a pas de quoi.

— A après-demain donc, à deux heures. Adieu, ma toute belle.

— Ah! il faut que je vous recommande encore autre chose, fit-elle, en revenant sur ses pas.

— Quoi donc?

— Soyez en costume de combat.

— Que voulez-vous dire?

— Est-elle donc innocente, pour une marquise! J'entends qu'il faut que vous mettiez un costume galant et surtout pas gênant. Quelque redingote de chambre, ouverte par devant. Et puis...

— Quoi donc encore?

— Surtout, pas de pantalon.

— Très bien!

— Ni de corset.

— Parfait!

Il était temps qu'elle partît. Je suffoquais.

Je n'avais retardé le rendez-vous de vingt-quatre heures que dans le but de me donner le temps de réfléchir. Je n'étais déjà plus décidée du tout. Mais c'était inutile. La résolution me revint avec la réflexion. Je me jurai à moi-même de me sacrifier. Je me sentais en de telles dispositions que je crois que je serais morte si quelque événement imprévu m'avait forcée de manquer de parole.

Je passai tout le temps qui me séparait du rendez-vous à m'étourdir. Je fuyais ma pensée. Un homme qui a résolu de se suicider doit se trouver dans une situation morale à peu près semblable à la mienne. J'avais alors déjà lu bien des romans;

assisté à la représentation de bien des drames.
Jamais je n'avais rencontré nulle part, jamais je
n'aurais cru que pût exister une position plus
réellement tragique que celle où je me trouvais.
Moi, femme honnêtement élevée, de famille hono-
rable, appartenant au monde, à la meilleure société, comme une fille publique, j'allais me vendre...
Ce n'était pas pour moi que je consentais à subir
cette dégradation ; c'était pour mon mari, dont le
désespoir paraissait véritable et me remplissait de
chagrin.

Quel abîme est-ce donc que le cœur des femmes...
J'allais faire cela pour mon mari, pour mon mari
seul... et je n'aimais pas ce mari...

. . . .

Ce n'est point impunément qu'on est femme.
Même dans les plus grands malheurs, dans les
plus grandes hontes, on n'oublie rien de ce qu'on
doit à sa réputation d'élégance et de beauté. Ce
malheureux, qui était venu si étourdiment se jeter
dans mes filets, je ne voulais pas me contenter de
l'éblouir : il me fallait le fasciner, l'épouvanter de
son bonheur. Quand le jour que j'avais indiqué
pour le rendez-vous se leva, je me trouvai la tête
froide et lucide, mais je n'avais pas le cœur
calme. La moindre de mes actions fut mûrement
méditée. En sortant de mon bain, j'allai me placer
complètement nue devant ma psyché pour m'examiner. « Cent mille francs, me disais-je, ce n'est
vraiment pas trop payé. » Jamais je ne m'étais

trouvée plus parfaitement belle. Cependant, autour des seins, que j'avais toujours eu fort petits, quelques-unes des petites veines bleues qui me semblaient placées là tout exprès pour faire valoir la blancheur satinée de ma peau, ne me parurent pas, ce jour-là, assez apparentes. Et me voilà, avec un pinceau délicatement imbibé d'indigo, occupée à refaire ces jolies petites veines. Tous les mêmes détails de ma toilette furent l'objet des soins les plus minutieux. Je me chaussai de bas de fil d'Écosse brodés à jour qui laissaient transparaître la nuance rosée de la peau et de souliers découverts, à talons hauts, en chevreau mordoré. Mon mari, qui s'y connaissait, trouvait cette manière de me chausser « irrésistible ». Je n'ai pas besoin de dire que mon linge fut choisi dans tout ce que j'avais de plus fin et de plus beau. « Il en aura pour son argent! » me disais-je en passant mes jupons garnis de dentelles. Je suis honteuse de ces détails. Pour les esprits superficiels, ils sembleraient indiquer une insouciance vicieuse. Il n'y avait cependant chez moi que le désespoir d'une femme froidement décidée à s'immoler, joint à ce sentiment de coquetterie qui ne peut nous abandonner dans aucune des plus poignantes et des plus douloureuses circonstances de la vie, même, dit-on, à notre lit de mort. Quand je fus habillée, au moment de partir, je me trouvai, sur le palier de mon appartement, nez à nez avec mon mari.

Je craignais qu'il ne se doutât de quelque chose et je devins toute tremblante.

— Quel mortel aimé des dieux vas-tu voir ? me demanda-t-il. Je ne t'ai jamais vue si belle, même le jour de ton mariage.

— Je vais chez ma tante Aurore, lui répondis-je.

Je sortis à pied, je pris une voiture de place dans la rue, et je me fis conduire à l'adresse indiquée.

CHAPITRE IX

Madame de Couradilles me reçut, m'introduisit
dans une chambre à coucher très élégante et très
confortable, qu'elle me dit être la sienne. On était
au printemps. Il y avait des fleurs dans tous les
coins. Nous avions à peine commencé à causer que
j'entendis frapper à la porte.

Elle dit :

— Entrez.

Un homme entra. Je le connaissais, en effet. Ce
n'était autre que le banquier de mon mari, le baron
de C...

Jamais il n'était venu chez moi. Je le rencontrais
souvent dans le monde, où il me faisait la cour la
plus assidue, comme tant d'autres. C'était un

homme d'une cinquantaine d'années environ, déjà
tout blanc, mais encore vert; conservé de visage
et parfait de manières. En somme, un homme du
monde.

J'avais de la chance.

La situation était terriblement embarrassante
pour moi comme pour lui. Madame de Couradilles
avait pris le parti de s'esquiver. Nous étions là,
debout et rougissant, sans prononcer une parole.
Le baron en sortit à son honneur.

—. Belle madame, me dit-il, je savais depuis
longtemps que les affaires de votre mari étaient
embarrassées, mais j'ignorais que vous étiez tourmentée par vos petites dettes personnelles. Je suis
le plus heureux des hommes que vous daigniez
agréer mes services.

En l'écoutant, je me disais que j'aurais pu avoir
affaire à un homme grossier, sans délicatesse et
sans formes.

J'étais presque tentée de bénir mon étoile. Cependant, j'étais interdite et je ne savais que répondre.

Il me mit dans les mains une sorte d'écrin ou de
portefeuille en peau de chagrin.

— Voilà les cent mille francs dont vous avez besoin, dit-il.

Puis, sans me demander la permission, il me
baisa galamment la main. J'espérais en être quitte
pour la peur. Mais je connaissais bien peu les
hommes. Le banquier ne m'eut pas plutôt payée
qu'il courut après son argent.

Je me trouvais debout devant lui, les mains pendantes. Il me fit asseoir sur un fauteuil, s'assit auprès de moi, puis il me débita des madrigaux, absolument comme si nous avions été dans un salon. Je me disais :

« Cela se passe mieux que je ne croyais. Si tout pouvait se passer en conversations ! »

Je ne connaissais pas le baron. Mon père, s'il avait pu l'étudier, aurait dit qu'il « était une variété de l'espèce dont mon mari représentait le type ».

Cependant mon acquéreur était aussi embarrassé que moi. Il ne savait évidemment quelle manière employer pour prendre possession de la femme qu'il avait achetée et payée. Sa position d'homme du monde, connu de moi, amoureux ouvertement de moi, le gênait. Il ne se trouvait plus sur le même terrain, il glissait à toute minute.

Me serrer les mains, les baiser, soupirer, lever les yeux au ciel, c'était tout ce qu'il avait l'idée de faire. Pour mon malheur, mon pied, mon « adorable pied », aurait dit mon mari, si finement chaussé, dépassait le bord de ma robe. Il s'en aperçut tout à coup. Se baisser, le saisir, me demander assez lestement la permission de le baiser, furent, pour lui, l'affaire d'une seconde.

Puis, sans attendre ma permission, il se mit à me déchausser. Il avait enlevé mon soulier. Je ne pus m'empêcher de pâlir en sentant ses deux mains remonter le long de ma jambe pour enlever ma jarretière.

Quand la jarretière fut tombée, il se mit à tirer
le bas qui résistait un peu, ayant été imprimé sur
mon pied, avec sa broderie, par la pression du soulier. Enfin le bas fut enlevé. Alors, il se jeta sur
mon pied nu et le baisa à plusieurs reprises avec
une avidité qui me faisait peur. On aurait presque
dit qu'il voulait le manger. C'est ainsi que le premier, le plus difficile, fut fait entre nous et, à partir de ce moment, le baron devint plus pressant.
Il voulut remettre mon bas. C'était pour caresser
de nouveau mes jambes.

Je ne puis rendre l'impression désagréable,
presque répugnante, que me faisait éprouver la
main de cet homme, glissant sous mes jupes. J'ai
toujours été chatouilleuse.

Cette fois, au lieu de le dissimuler, je le laissai
voir et trop bien voir.

— Laissez! disais-je à chaque instant, je n'aime
pas qu'on me chatouille.

Et, comme sa tête se trouvait trop près de moi,
sur mes genoux, en me débattant, je lui mis involontairement mon coude dans l'œil.

— En vérité, dit-il d'un air piteux, je n'ai pas de
chance. Je vous adore. Je viens ici comptant que
vous allez consentir à vous donner à moi et je
découvre que vous me détestez.

— Hélas! je ne vous déteste pas, répondis-je en
pleurant. Mais, par pitié, mettez-vous un moment
à ma place. Exista-t-il jamais une situation plus
pénible que la mienne? Moi, femme mariée, jusqu'ici, je puis le dire avec orgueil, honnête femme,

je me suis vendue à vous, dans le seul but de payer des créanciers impitoyables. Vous savez bien que je ne vous aime pas, que je ne peux pas vous aimer. L'affection peut-elle être l'objet d'un marché?

Pendant que je cherchais instinctivement à l'entraîner sur le terrain de ma situation où j'avais tous les avantages, le baron ne perdait pas la tête et ses mains continuaient à me tracasser. J'en revins donc à ma première feinte, qui était d'affecter de ne pouvoir me tenir en place, de m'agiter et de me révolter au plus léger attouchement.

— J'ai fait une déplorable affaire, reprenait le baron, à tous les points de vue. Si j'avais été plus adroit, vous vous seriez donnée à moi depuis long-temps et cela ne m'aurait pas coûté cent mille francs.

Le banquier reparaissait sous l'homme de bon ton.

— Vous vous trompez, lui dis-je en repoussant ses mains. La vérité, c'est que vous n'avez pas su agir avec délicatesse. Il fallait me rendre service, puisque vous étiez décidé à le faire; mais vous auriez pu ne pas me presser si brutalement. Vous auriez été plus heureux si vous m'aviez laissée vous prouver ma reconnaissance à ma manière et à mon heure.

— En est-il donc ainsi? s'écria-t-il. Eh bien! je ne vous tourmente plus. Vous êtes libre. Faites ce que votre reconnaissance vous conseillera.

— Elle me commande de me livrer! lui dis-je

avec force. Et voyez, je me livre. En cet instant, j'avais véritablement la tête perdue. Cet homme, depuis que ses mains avaient touché mon corps, m'inspirait une répulsion insurmontable. Et j'étais renversée sous lui, dans ses bras, à demi nue, cette fois, grâce à sa présence d'esprit et à son adresse.

Je pensais mourir.

Mais alors, Dieu tout-puissant! au moment où mon maître, après une courte lutte nouvelle, croyait toucher au bonheur, où il y touchait en effet, et où moi, en fermant les yeux, écrasée, passive, j'appelais la mort qui ne venait pas, la Nature qui, elle aussi a sa morale et ses idées, aurait dit mon père, vint inopinément à mon secours et m'arracher à mon triste sort par le coup le plus imprévu. Soudain, paralysé sans doute par l'effet des trop vifs désirs qu'il ressentait, le baron se redressa, puis se remit auprès de moi, inerte et pâle. De grosses gouttes de sueur perlaient sur son front et son désordre égalait le mien. Quelle situation pour lui, pour moi! Nul de nous n'avait pu prévoir une telle mésaventure. Mon tyran en pleurait. Mais quelque étonnement, quelque humiliation que je ressentisse, il aurait fallu que je ne fusse pas femme pour n'en point tirer avantage. Je me levai et me rajustai d'un air piqué.

Puis, soudain, je gagnai la partie par un coup de maître, en lui rendant son portefeuille et lui disant :

— Maintenant, nous sommes quittes.

Le baron était fin. Il ne se laissa pas anéantir sans riposter.

— Madame, me dit-il en se levant, d'un ton glacé, si vous ne reprenez pas ce portefeuille, je vous en donne ma parole d'honneur, ce soir, je me brûle la cervelle.

— Et moi, repris-je avec une présence d'esprit qui m'étonna, si vous n'êtes pas mon amant de suite, je vous soufflette avec vos billets de banque.

— Mais je ne le peux pas ! hurlait le malheureux en trépignant. Ou, du moins, je ne le peux plus maintenant. Je suis ensorcelé. Je ne sais pas ce qui m'arrive.

Il avait l'air si malheureux que, malgré moi, je commençais à avoir pitié de lui.

— Je vous en prie, ajouta-t-il soudain, mettez-moi en état de vous posséder à l'instant même, je vous donnerai cent mille francs de plus.

La scène qui, d'abord, avait été grotesque, touchait au tragique. Je pensai que pour triompher, je n'avais autre chose à faire que de succomber. La parole donnée, l'argent reçu, rendu, repris, m'en faisaient un devoir, une nécessité.

Je succombai donc, avec grâce, même avec bonne grâce. Le baron fut heureux. Il me le dit, du moins.

Il est certain qu'il avait retrouvé la vigueur. Cependant, je ne lui avais épargné ni mes gaucheries calculées, ni même mes ruses.

Il y a des personnes qui ne se confessent que dans l'unique but de se disculper. Quelques-unes

cependant, les confessions de J.-J. Rousseau sont
là pour le prouver, semblent prendre un certain
plaisir à s'accuser et à se condamner. Je ne dois
être rangée ni parmi les uns, ni parmi les autres.
Je rédige ces mémoires uniquement pour me donner la satisfaction de m'examiner. Qu'y a-t-il de
plus intéressant au monde, pour un individu quelconque, que sa personne même ? J'éprouve une
satisfaction véritable, presque enfantine, à retracer ici, dans leurs détails les plus infimes et
les plus intimes, toutes les aventures qui me sont
arrivées. Je ne cherche pas si, et dans quelle
proportion, la dernière que je viens de raconter
est à ma honte. Je n'en tire ni conclusion, ni con-
séquence. Je suis certaine que, dans les vingt
dernières années surtout, les nécessités du luxe
aidant, elle a dû arriver, à quelques variantes près,
à bien d'autres femmes. Le monde en a eu vent, on
en a glosé. Mais aucun écrivain, que je sache,
n'en a décrit les péripéties dans leur réalité poi-
gnante et terrible. Ce fait inouï, jusqu'ici, était
absolument inédit. Pas plus dans cette occasion
que dans les précédentes, je ne me suis fait grâce
à moi-même. Et je me suis donné la plus grande
satisfaction possible pour une femme, j'ai *tout* dit.

J'avais déjà complètement oublié cette abominable scène lorsque je revis mon mari. Je lui sautai au cou.

— Nous sommes sauvés ! m'écriai-je.

J'éprouvai un instant de véritable bonheur.

— Comment cela ? demanda-t-il.

Je lui donnai les cent mille francs que je tenais de ma tante Aurore. J'ajoutai précipitamment :

— Arrange tes affaires à Paris, faisons des économies. Je te chercherai une place. Nous pouvons être heureux encore.

Il ne répondit rien.

Pendant une minute, je l'aimai.

CHAPITRE X

Si mon mari avait pu savoir à quel prix je m'étais procuré ce maudit argent, quel affreux sacrifice je venais de faire pour l'acquérir, il ne m'aurait peut-être pas tuée... Peut-être m'aurait-il adorée... Qui sait?

Il n'y eut entre nous qu'une légère discussion au sujet de ma tante Aurore. Mon mari ne pouvait ignorer que la bonne femme avait très peu de fortune. Il me fallut inventer une petite fable, raconter que ma tante m'avait donné ses économies, qu'elle avait engagé pour moi ses bijoux au mont-de-piété.

Quoiqu'il ne fut pas sot, mon mari fut bien obligé de croire mon « histoire ». Si les cent mille francs, en effet, ne m'étaient pas venus de ma tante, à qui aurais-je pu les emprunter? Quand je vis mon mari bien convaincu de la réalité des choses, il me fallut courir chez ma tante Aurore, lui raconter nos embarras d'argent et inventer une autre fable pour expliquer la provenance des cent mille francs que, sans la consulter, je lui avais attribués. Mais ma tante devina tout. Elle m'aimait. Elle pleura, me serra longtemps sur son cœur.

Je disais :

— Ne m'accablez pas. Je suis dans la boue.

— Non, tu n'es pas dans la boue. Tu ne connais pas, tu n'apprécies pas, comme tu le devrais, la portée de ton sacrifice. Tu es une sainte.

— Hélas! non. Le chagrin de me voir perdue vous aveugle, ma chère tante. Je ne suis pas, et je n'ai jamais été une sainte. Je suis une femme bien malheureuse. Voilà tout.

Après cela ma tante me dit que j'avais bien fait de lui attribuer le prêt de cent mille francs. Elle me promit, de plus, de n'en point parler devant mon mari, afin de le bien confirmer dans sa confiance. Ma tante Aurore, comme la plupart des femmes qui ont beaucoup vu le monde, usé des petites licences de la vie, et mérité pour elles-mêmes l'indulgence de la société, était très compatissante, très bonne. Elle n'avait jamais besoin qu'on lui expliquât les nuances d'une affaire de

9.

sentiment. Elle les comprenait toutes par instinct.

Depuis lors, je revis plusieurs fois madame de Couradilles. Comme elle était connue de mon mari et qu'elle se doutait bien qu'il ne la verrait pas chez moi d'un bon œil, elle ne venait que le matin, à l'heure où elle savait qu'il allait se promener au Bois à cheval, et elle se présentait toujours sous le nom de la « blanchisseuse de dentelles ». Je la recevais sans cérémonie, dans mon cabinet de toilette, et, comme on ne se gêne pas entre femmes, je me coiffais et me vêtissais librement devant elle. Je ne me rappelle point, en ce moment, si j'ai suffisamment parlé du caractère particulier de sa beauté. C'était une petite, mignonne et vraiment très jolie personne, aux yeux pénétrants, aux cheveux d'un blond fauve, admirablement conservée. Quoiqu'elle eût quarante ans, disait-elle, — il est bien possible qu'elle eût deux ou trois années de plus, — on ne lui en aurait pas donné plus de trente. Elle avait vu beaucoup le monde, connaissait l'univers entier, me répétait à satiété « que j'étais son idéal », avait toujours des histoires plus *drôles* les unes que les autres à me raconter. Bien qu'elle fût un peu familière et cherchait constamment à « vous gagner à la main », son entrain m'amusait assez. J'avais du plaisir à la voir. Une sorte de liaison occulte finit par s'établir entre elle et moi.

D'une autre part, le baron de C... enthousiasmé, me disait-il quand il me rencontrait dans le monde, par le souvenir du « bonheur qu'il avait goûté », était devenu peu à peu le commensal de la maison. Comme mon mari l'avait déjà chargé précédemment de quelques affaires, qu'ils étaient tous deux du même cercle, qu'il m'avait été présenté dans le monde, ainsi que je l'ai déjà dit, il ne lui fut pas difficile de se faire amener chez moi par une connaissance commune. Il affecta de se montrer très rond, très bon enfant, de prendre le plus grand intérêt à notre situation, qui lui était connue, ajouta-t-il ouvertement, « par les on-dit du Cercle et de la Bourse ».

Cela n'était pas du tout maladroit de la part d'un homme qui ambitionnait, me dit-il à l'oreille dans un moment où l'on nous laissa ensemble, « la faveur de devenir mon amant de cœur et de le demeurer toujours ».

A ces ouvertures bienveillantes, mon mari, qui ne se méfiait naturellement de rien du tout, répondit que, grâce à l'obligeance de l'une de mes tantes, il avait pu apaiser nos créanciers les plus récalcitrants et faire prendre patience aux autres.

Là-dessus, le baron lui demanda, toujours amicalement, sur quelles ressources il comptait pour terminer la liquidation de ses dettes.

— Sur l'héritage de mes deux oncles.

— Cela me semble bien problématique.

— En effet.

— Vous feriez peut-être mieux de vous mettre dans les affaires, reprit le baron.

— Je ne demanderais pas mieux. Mais où ? Comment ? Chez qui ?

— Mon Dieu, chez moi.

L'affaire, étant ainsi entamée, ne fut pas longue à conclure.

Séance tenante, il fut convenu que mon mari entrerait dans la maison de banque du baron de C***, comme son fondé de pouvoir. Son nom, son titre, ses grandes relations, la connaissance des opérations de Bourse qu'il avait acquise à ses dépens, étaient jugés des titres suffisants, et ses émoluments ou sa rémunération devaient être en raison des services qu'il rendrait à la maison de banque.

Madame de Couradilles fut nécessairement mise au courant, par moi, de cette situation nouvelle.

Elle ne manqua pas de me rappeler, à plusieurs reprises, que c'était à elle que je devais d'avoir fait la connaissance intime du baron. De là à me tirer de temps à autre de petits cadeaux, il n'y avait pas grand chemin à faire.

Elle en tirait également du baron et de plus gros. Il fallut bien se laisser traire. L'habile femme n'avait-elle pas notre secret ?

Voici, en peu de mots, quelle était la situation : mon mari passait dans tout Paris pour « avoir fait un gros héritage, gagné des sommes considérables à la Bourse et placé plusieurs millions chez le baron de C***, dont les affaires étaient embarrassées ». C'est invariablement ainsi qu'on écrit l'histoire.

On expliquait ainsi leur association et cela faisait beaucoup rire madame de Couradilles. Grâce

à cette sublime invention, nous pûmes conserver
notre train de maison, sans faire d'économies et
sans nous réduire. J'avouerai même que, loin de
diminuer, nos dépenses, à partir de ce moment,
ne firent qu'augmenter. Je redevins et me maintins
la femme la plus élégante de Paris. Je ne crois pas
avoir besoin d'ajouter que le baron, selon son
aimable expression, continuait à être le « plus
heureux des hommes ». Je n'avais pas d'amour
pour lui plus que pour mon mari. La vérité est
que je n'en avais jamais eu pour personne ; mais
nous devions au baron notre position et je ne
croyais pas pouvoir me montrer ingrate.

Le moment me semble arrivé de dire quelques
mots du caractère du baron de C***. Il était pour
le moins aussi vicieux que mon mari. Je me
trouvais donc journellement entre deux espèces
de satyres dont il me fallait à tout prix satisfaire
les exigences. Une pareille situation n'était pas
toujours facile, ni toujours amusante. Néanmoins,
étant fille de ma mère, je trouvai le moyen de
suffire à tout.

Je ne me rappelle pas si j'ai déjà dit que le
baron de C*** était excessivement riche. C'était par
dizaine de millions que sa fortune pouvait se
compter. Ainsi qu'il arrive d'habitude, son avarice,
sans être sordide, se trouvait au niveau de ses
immenses revenus.

Cependant, il ne comptait point avec ses passions. Et ses passions étaient aussi nombreuses
que tyranniques ; elles se composaient de tout ce

qui peut flatter les sens et la vanité : femmes, chevaux, voitures, objets d'art, luxueux ameublements et louanges exagérées, sans cesse répétées dans les journaux. Je dois dire, dès à présent, que ce féroce vaniteux, qui avait peine à racheter ses ridicules et ses travers par une certaine éducation et de bonnes manières, n'était pas Français. Et le plus curieux de la chose, c'est que nul, parmi ses amis les plus intimes, ne savait bien exactement quel était son pays.

Les uns le disaient Hongrois, d'autres Valaque, d'autres Arménien, d'autres Russe. Il y en avait qui assuraient imperturbablement qu'il suivait la religion grecque ; d'autres, qu'il était de race juive. Si j'osais me permettre d'avoir une opinion sur un sujet aussi scabreux, je dirais que le baron de C*** était à la fois tout cela : peut-être même encore autre chose. Le fait est qu'il aurait été difficile, pour ne pas dire absolument impossible, de rencontrer sur toute la surface de la terre un homme qui fût, en même temps, plus prodigue et plus lâche, plus mesquin et plus orgueilleux.

Il fallait absolument, il était complètement indispensable qu'il eût les plus beaux chevaux de Paris, la plus jolie femme de Paris pour maîtresse, les plus beaux tableaux de Paris et qu'il gagnât toujours au jeu. La fortune des Rothschild, la galerie du marquis de Hertford, lui portaient bien un peu ombrage ; mais il en prenait son parti, disant que « sur la terre il ne peut jamais être de satisfaction complète », et que, puisqu'il fallait

qu'il fût dans une situation inférieure vis-à-vis de
deux personnages connus, autant valait que cette
infériorité portât sur le chiffre de la fortune et les
qualités des objets d'art que sur autre chose. Cet
« autre chose », c'était indubitablement moi. Et ce
n'était pas sans ennui que je me disais qu'il pourrait bien se faire un jour que mon baron, par
vanité, s'en allât partout se vanter d'avoir obtenu
mes faveurs.

Il paraît qu'il était écrit que je ne pourrais
jamais vivre tranquille.

A peine avais-je commencé à me mettre martel
en tête avec cette idée que mon mari, qui, jusqu'alors, n'avait jamais paru se méfier de la présence continuelle du baron dans sa maison, se mit
tout à coup, sans motifs, à être jaloux.

Et jaloux comme un tigre.

Selon ses propres expressions, « il avait mis le
nez droit sur le baron ». Il ne cessait de me tourmenter à ce sujet, se servait de ce prétexte pour
exiger de moi une soumission plus grande à ses
désirs. Le baron, averti par moi, me conseillait de
ne pas m'effrayer, disait qu'il trouverait moyen
de parer le coup. Sur ces entrefaites, madame de
Couradilles, qui avait la rage de se faufiler partout, afin de se réhabiliter dans l'esprit du monde,
fit tant de platitudes auprès du baron, de mon
mari et de moi-même, qu'elle trouva enfin le moyen
de se faire admettre librement chez moi. Mon
mari, tout en me disant que je ferais bien de me
méfier d'elle, de faire attention à ne point me

montrer avec elle en public, parce qu'elle ne manquerait pas de me compromettre, la recevait cependant à merveille, et ne se gênait pas pour lui dire devant moi toutes sortes de galanteries.

J'ai su après qu'elle faisait depuis longtemps avec lui son petit métier, lui procurait secrètement des femmes du monde et des actrices.

Il affectait, tout haut, de n'être pas amoureux d'elle, mais je suis sûre qu'au fond, elle ne lui déplaisait pas du tout. De son côté, madame de Couradilles devenait de plus en plus familière avec moi. Elle me répétait sur tous les tons, avec toutes les formules aimables possibles, qu'elle n'avait rien vu de si beau que moi sur la terre et qu'elle m'adorait. Chaque fois qu'elle venait me voir, elle ne manquait jamais de se hausser sur la pointe des pieds pour m'embrasser, et, chose qui me choquait extrêmement, elle m'embrassait toujours sur les lèvres.

La première année que mon mari passa dans la maison de banque du baron C... donna de très beaux bénéfices. Il rendit de réels services et reçut une grosse somme pour sa part. Toutes les dettes furent payées.

Ce succès, quelque inespéré qu'il fût, ne diminua malheureusement en rien la jalousie du marquis. Au contraire. Et l'on va le voir.

Quand la saison des chasses fut arrivée, nous partîmes tous pour Galardon. Cette charmante propriété de plaisance m'était échue en partage à la mort de mon père. Madame de Couradilles fit

si bien des pieds et des mains qu'elle trouva le
moyen de se faire inviter. Elle arriva là-bas plus
fraîche qu'une rose, avec un plein fourgon de toilettes ébouriffantes. J'avais également invité ma
tante Aurore et mon cousin Alfred. Mon cousin
vint tout seul. Depuis mon mariage, le pauvre
garçon ne venait me voir que de loin en loin. Il
était devenu un homme éminemment distingué,
avait fait, poussé par mon père, des études médi-
cales fort remarquables; tout dernièrement, il
avait publié des travaux appréciés du monde savant sur les maladies du cerveau. Il était désigné
pour aller très loin et monter très haut. Je dois
dire dès à présent que, dans les rares occasions
où j'avais revu mon cousin, il me fut facile de
m'assurer qu'il m'adorait toujours, et de la manière la plus respectueuse. Il ne cessait de mani-
fester les plus vifs remords au sujet de l'offense
qu'il m'avait faite, disait que « ce n'était qu'une
polissonnerie d'écolier » qui ne pouvait se renouveler, que toute sa vie se passerait à expier cette
offense et à me la faire oublier. Je suis absolument
certaine qu'il ressentait pour moi un amour véritable et chevaleresque; qu'il ne demandait rien,
ne cherchait à rien obtenir de moi qu'une affection fraternelle. Et moi, je me sentais si profondément, si grossièrement malheureuse entre les
deux tyrans qui se partageaient les secrets et les
voluptés de mon corps que, mes souvenirs d'enfance aidant, je me laissais innocemment aller à
ces douceurs de me sentir aimée et de commencer

à aimer. C'était la première fois de ma vie : ce fut la seule. Une circonstance des plus éminemment dramatiques, dans laquelle mon cousin Alfred exposa courageusement sa vie pour moi, contribua encore à nous attacher l'un à l'autre.

C'était par une chaude et lourde journée d'automne. Nous nous promenions tous au fond du parc, sous de grands arbres, du côté du village de Galardon. Le baron et mon mari marchaient devant, causant amicalement, en bons associés ; je les suivais à quelques pas au bras de madame de Couradilles, et mon cousin Alfred était en arrière. Tout à coup, de grandes clameurs retentirent, se rapprochant de nous, sans qu'ii nous fût possible de rien voir. Enfin, un flot de paysans armés de fourches, de faux, de pioches, de bâtons, fit irruption dans le parc, poursuivant à travers de noirs tourbillons de poussière un chien énorme et dont le poil était souillé de fange, la gueule ensanglantée. Il était effrayant et tout hérissé. A ma grande terreur, il fondait droit sur nous. Mon mari et le baron, en véritables gens d'affaires, soucieux avant tout de leur intérêt, s'écartèrent, le laissèrent passer. Éperdue de frayeur, j'étais tombée sur les genoux. L'horrible chien était là, tout près, sur moi. Je sentais son haleine fétide sur mon visage. Il me semble, en écrivant, que je la sens encore, toute brûlante. Madame de Couradilles, sans bien se rendre compte, j'aime à le croire, du danger que je pouvais courir, s'était sauvée du côté du château, en criant comme une folle.

Les clameurs des paysans excitaient le chien.
Soudain, une ombre passa rapidement devant moi.
C'était Alfred. Il se jeta résolument au-devant de
l'affreuse bête, me couvrit de son corps. Cela se fit
très vite. Avec une présence d'esprit inouïe, il mit
le genou droit à terre, faisant face au chien, puis
il tendit devant lui son bras gauche replié, comme
pour défendre son visage et attendre la mort. Je
me tenais blottie derrière lui, à deux genoux dans
la poussière, et j'étais tout regards, comme pétrifiée. Le chien, voyant ce bras tendu devant lui,
recula un peu, puis, prenant son élan, il se jeta
dessus comme un furieux et le mordit cruellement.

Il s'était élancé avec une telle force que mon cousin fut renversé sur moi par le choc, et nous rou-
lâmes tous trois à terre. Un paysan, un peu plus
résolu que les autres, arriva sur ces entrefaites et
cloua le chien sur le sol avec sa fourche.

Le baron et mon mari revinrent alors pour m'aider à me relever.

Il était temps. Ils n'eurent d'autre peine que de
me tirer par le bras. J'avais été littéralement
roulée de la tête aux pieds dans la poussière, et
mon valeureux cousin était plein de sang. Quand
nous fûmes parvenus à nous traîner jusqu'au château, Alfred, qui avait reçu vingt morsures et qui,
en sa qualité de médecin, savait que l'hydrophobie
ne fait pas grâce, descendit promptement à la cui-
sine, fit chauffer jusqu'au rouge une branche de
pincettes brisées, brûla lui-même ses plaies avec

cette tige de fer le plus profondément possible,
puis avala une potion qu'il avait composée lui-
même, et enfin monta se coucher.

Il fut quinze jours très gravement malade, et ce
fut moi qui le soignai. Il n'évita la mort que par
un miracle. Il avait constamment la main dans la
mienne, me disait qu'il était heureux d'avoir exposé sa vie pour moi. Il savait que le chien était
enragé, il n'avait pas pu se méprendre à ses
allures. S'il s'était élancé au-devant de lui, lui
offrant son bras à dévorer, c'était qu'il avait vu
l'horrible bête fondre sur moi, et qu'il n'ignorait
pas qu'un chien hydrophobe cherche toujours à
mordre tout ce qui se présente sur son passage.
Ainsi, il avait bien réellement exposé sa vie pour
conserver la mienne.

N'ayant pas d'armes pour se défendre, il n'aurait eu qu'à laisser passer le chien, qui ne voyait
que moi et n'en voulait qu'à moi, pour préserver
ses jours.

Cet horrible accident fit plus pour rapprocher
mon cœur de celui d'Alfred que n'auraient pu
faire des années de la cour la plus assidue. Mon
cher cousin s'était si noblement dévoué, en toute
connaissance de cause, pendant que les deux
hommes à qui j'appartenais s'esquivaient prudem-
ment, que, rien qu'en y pensant, je sentais des
larmes de reconnaissance me monter aux yeux.
A partir de ce jour, je ne crus même pas devoir
me gêner pour lui montrer l'affection que je ressentais pour lui. C'était moi seule qui lui donnais

tous les soins que nécessitait son état, préparais
ses tisanes, les lui faisais boire en soutenant sur
mon bras sa tête charmante. Dès qu'il put se
lever, en portant son bras en écharpe, à cause des
morsures et des brûlures, qui n'étaient qu'impar-
faitement cicatrisées, ce fut encore moi qui lui fis
faire autour du château ses premières prome-
nades. Nous ne parlions jamais que de nous-
mêmes. Nous nous réfugiions tout entiers dans les
régions les plus vagues et les plus élevées du sentiment.

Je ne saurais exprimer très exactement la nature
des impressions diverses que je ressentais dans
l'intimité d'Alfred. Ces impressions n'avaient absolument rien de sensuel. Cela me semblait doux de
me trouver auprès de lui, de sentir sa main dans
la mienne ; tout ce qu'il me disait me paraissait
charmant. Voilà tout.

Cet état délicieux, qui se composait d'une certaine langueur et d'aspirations un peu confuses,
n'avait aucun rapport avec la passion.

Tel qu'il était, il me plaisait.

J'aurais voulu qu'il pût durer toujours.

A ma grande surprise, le baron, loin de paraître
contrarié d'une intimité qui pouvait, au moins, lui
inspirer des doutes sur ma fidélité, s'en montrait
ravi. Quel intérêt y avait-il donc? Je l'interrogeai.

Il me répondit fort tranquillement qu'il « ne
prenait point mon cousin au sérieux, qu'il n'était
pas un homme chic, et que mon mari ayant le

ridicule d'être jaloux, ledit cousin lui semblait bon
à remplir l'aimable office de *chandelier* ».

— Qu'est-ce qu'un chandelier ?

— C'est celui qui tient la chandelle.

— Je ne comprends pas.

— Je ne suis point assez savant pour vous expliquer l'origine du mot. Ce que je puis dire, c'est
qu'on s'en sert pour désigner celui qui, sans s'en
douter, favorise un commerce de galanterie.

Pauvre Alfred ! J'acceptai pour l'homme que j'aimais ce rôle de victime. Il est vrai que je ne pouvais guère agir autrement. Mon mari n'était plus
jaloux du baron. Ce qu'il y eut de pire, c'est que
la Couradilles, qui ne pouvait pas retenir sa langue,
sans doute pour se faire bien venir d'Alfred et l'in-
citer à songer à elle, lui apprit tout, lui dit que
j'étais la maîtresse du baron de C..., lui révéla
l'odieux et le ridicule du rôle qu'on lui faisait jouer.
Mon cousin m'en parla. Ce ne fut pas pour m'accuser, mais pour me plaindre. Il me dit qu'il ac-
ceptait avec bonheur l'office de *chandelier*, afin
d'éviter des scènes conjugales. Il ne me demanda
pas de récompense pour sa généreuse conduite, et,
nécessairement, il ne fut pas récompensé.

C'est ainsi que je fus contrainte d'agir envers le
seul homme que j'aimai dans toute ma vie. Condamnée à être victime d'une débauche froide, je
mourrai sans avoir connu les douceurs du véritable amour.

Mon mari, de son côté, n'était guère plus heureux que moi. Il ne s'était marié, comme on le

sait, que dans le but de se procurer certaines satisfactions. Je ne cessais de m'y refuser.

Il avait donc trouvé en moi exactement le contraire de ce qu'il espérait.

Il avait beau me tourmenter, me supplier, inventer chaque jour quelque combinaison nouvelle pour me pervertir, je continuais à me montrer l'élève la plus revêche, la plus indocile. Mais il avait complètement pris le change et n'était plus du tout jaloux du baron. Alfred tout seul l'empêchait de dormir. Le baron s'estimait heureux d'être parvenu à détourner l'orage qui grondait sur sa tête. Mais il avait d'autres ennuis qui provenaient de moi. Il se plaignait sans cesse de ne pas me voir aussi complaisante qu'il aurait fallu l'être pour lui rendre, dans toute leur vivacité, les plaisirs qu'il avait perdus avec la jeunesse ; il mangeait du phosphore avec l'espoir de retrouver dans cet abominable poison quelques restes de sa vigueur passée ; enfin, malgré quelques petites satisfactions qu'il tirait de sa fortune, il menait, grâce à mes caprices et à ma détestable humeur, une existence qui manquait de charme.

Alfred souffrait et soupirait. Je faisais de même. Telle était la situation des choses, lorsque survint un événement tellement étrange, inouï, que je ne sais comment m'y prendre pour le raconter. Après plusieurs années, j'en tremble encore.

C'était le soir. Il devait être un peu plus de minuit. Depuis une heure, j'étais montée dans ma chambre et je venais de me mettre au lit. Je ne dormais pas. Je lisais. Une bougie m'éclairait, posée près de mon oreiller, sur ma table de nuit. La chambre que j'occupais à Galardon était percée de deux portes. L'une, située au fond de la pièce, ouvrait sur un corridor aboutissant à l'escalier? l'autre, placée en face de mon lit, à douze pas, donnait dans une chambre d'amis qui, depuis quatre jours, était occupée par madame de Couradilles. Nous étions donc tout près l'une de l'autre et, le matin, en nous habillant, nous nous faisions de courtes visites.

La chambre de mon mari était située un peu plus loin, dans le même corridor. Celles de mon cousin et du baron de C*** se trouvaient à l'étage supérieur.

Je lisais donc, lorsqu'il me sembla entendre un léger bruit du côté de la porte condamnée de madame de Couradilles. Je me tournai de ce côté. Ce que je vis..... c'était à ne pas en croire mes yeux. La porte venait de s'ouvrir et, debout sur le seuil, immobile, silencieuse, se tenait une femme complètement nue.

Oui, complètement nue.

A la petitesse de sa taille, à la blancheur exquise de sa peau, à la couleur dorée de ses cheveux, à l'ensemble mignon et gracieux de toute sa personne, il me fut facile de reconnaître madame de Couradilles. Comme elle continuait à rester immobile, sans rien dire, ne sachant ce qu'elle faisait là, ce qu'elle voulait, quel était son but, en attendant qu'elle daignât l'expliquer, je pris un certain plaisir, je l'avoue, à promener mes yeux sur toutes les parties de son joli corps. Quoiqu'elle eût une quarantaine d'années, n'ayant jamais eu d'enfant, elle était aussi pure de formes qu'une vierge. Rien ne pourrait donner une idée de la beauté de ses seins, de la petitesse de ses pieds, de la cambrure de sa taille. C'était la perfection dans le joli.

Madame de Couradilles avait peut-être compté sur l'examen auquel je me livrais, un peu malgré moi, pour troubler mes sens. Elle posait donc, paraissant s'exercer à faire valoir toutes les gentillesses de son corps, se tournant lentement de côté et d'autre. Cependant, comme elle ne pouvait continuer à se livrer à ce gracieux manège pendant toute l'éternité, elle se décida à faire quelques pas en avant, d'un air embarrassé et les mains pendantes. Elle se dirigeait vers mon lit. Mais alors, révoltée de l'impudicité de cette femme, et, tendant le bras vers elle :

— Qu'est-ce que vous faites là ? lui dis-je. Que me voulez-vous ? Est-ce que vous êtes folle de venir ainsi me trouver dans un tel état, à une pareille heure ?

Elle ne répondit pas un mot. Alors je repris :

— Si c'est une plaisanterie que vous faites, elle m'offense, je la trouve d'un goût détestable. Retirez-vous !

Elle continuait à avancer, le bras gauche replié par devant, sur la ceinture, en balançant les hanches, absolument comme si elle avait été vêtue

10

et qu'elle eût eu une élégante jupe à faire valoir, ce qui lui donnait un air gauche. Et elle avait les yeux baissés. Cependant, je me sentais de plus en plus impatientée de la prolongation de cette scène. C'est pourquoi je pris le parti de sauter au bas du lit et je courus vers madame de Couradilles. J'étais alors sérieusement inquiète et ne comprenais rien à ce qui se passait.

Je la pris dans mes bras.

— Avez-vous donc réellement perdu l'esprit? lui demandai-je. Vous me faites de la peine. Je vous en prie, si vous m'aimez, allez vous recoucher.

— Si je vous aime! murmura-t-elle.

Nous étions alors tout près de mon lit, elle, toujours complètement nue, moi, en chemise. Elle commençait à grelotter.

— Dieu, que j'ai froid! s'écria-t-elle.

— Il y a bien de quoi. Que signifie une pareille idée?

Elle m'étreignit la taille.

— Laissez-moi coucher près de vous, dit-elle. Vous me réchaufferez.

Quand nous fûmes toutes deux sous mes draps, elle se serra contre moi, grelottant toujours. Elle m'avait passé les bras autour du cou. Elle me baisait les yeux et les joues. Elle avait les lèvres brûlantes.

« C'est encore plus extraordinaire que ce qui se passait à mon couvent! » me disais-je.

Cependant, je voulais à toute force avoir l'explication de ces démonstrations singulières. Je la pressai de me répondre.

— Est-ce une maladie qui vous prend? lui demandai-je. Est-ce de la folie?

Elle m'étreignit avec plus de force encore.

— Malheureuse! ne comprenez-vous pas? me répondit-elle. C'est de l'amour. Oui, c'est l'amour le plus violent, le plus indomptable, et le plus incompréhensible, hélas!

Elle s'agitait et elle me serrait. Je sentais tout son corps bouillir sur le mien. Moi, j'étais toujours froide comme le marbre.

— C'est véritablement une folie! lui dis-je. Est-ce qu'il peut y avoir de l'amour entre deux femmes, deux personnes du même sexe!

Elle se détacha de moi.

— Êtes-vous donc si innocente, si niaise? C'est à ne pas le croire, placée comme vous l'êtes entre deux hommes aussi expérimentés que le sont votre amant et votre mari.

Puis, me ressaisissant et me prodiguant les baisers les plus enflammés :

— Tu ne comprends donc pas que je t'adore?

— S'il en est ainsi, je vous plains, quand même je consentirais à me laisser aimer de vous, et je n'y consens pas, car c'est une folie! nous sommes toutes deux femmes. Comment faire?

Elle ne me répondit rien. Mais elle sauta à bas du lit. Puis, saisissant les draps et la couverture, elle les repoussa dans la ruelle.

Et alors, à ma grande stupeur, sans que je

pusse me défendre, elle me saisit par les deux
jambes.

Et je fus violée, bel et bien.

Mais cela n'était rien encore. Quelque stupéfiante
que la chose me parût, elle n'était rien du tout,
non, rien du tout. Ce qui allait m'arriver maintenant dépassait tout, même le rêve, même le délire.
Au moment où je commençais à me résigner à
mon inconcevable martyre, — on sait que toute
tentative d'exciter mes sens était un supplice pour
moi, — un pas d'homme retentit dans le corridor
et s'arrêta devant ma porte, comme si quelque
indiscret eût regardé ce qui se passait dans ma
chambre par le trou de la serrure, ou écouté à travers l'huis. Je me sentis soudain plus morte que
vive. Madame de Couradilles ne se dérangeait pas de
l'attentat inouï auquel elle se livrait sur ma personne. Tout à coup, la porte s'ouvrit, une ombre
noire apparut sur le seuil, et, grâce au courant
d'air qui arrivait du corridor, à ma grande terreur,
ma bougie s'éteignit.

Madame de Couradilles ne se dérangeait toujours
pas. Elle était attachée à moi comme une sangsue.
Le parquet se serait mis à brûler sous ses pieds,
je crois qu'elle n'aurait pas fait un mouvement
pour s'enfuir. La chambre était obscure. Cependant, et malgré mon trouble, il m'était possible
de distinguer confusément les objets. L'ombre
venait de quitter le seuil et s'approchait. Elle
avait l'apparence et le pas d'un homme. Je me
disais : « Un homme, soit. Mais quel homme est-

ce ? » En effet, il y avait trois hommes au château, et tous les trois avaient ou pouvaient se croire le droit de pénétrer la nuit, sans frapper, dans ma chambre.

L'homme avançait toujours. Lequel est-ce, de mon mari, du baron, ou de mon cousin ? Impossible de rien reconnaître. Il y avait quelque chose de véritablement effrayant pour moi dans cette situation. L'homme était !près du lit, à ma tête, contre mon oreiller.

Son visage, cependant, se baissa vers le mien, puis me donna un baiser bien-tendre. Et je reconnus mon mari.

Le seul des trois, il portait toute sa barbe. C'est à cela que je le reconnus.

« Je suis morte ! me dis-je immédiatement. Il est affreusement jaloux, ne cesse de m'entretenir des excès auquels la jalousie pourrait le porter ; me surprenant ainsi, dans cet étrange flagrant délit, avec madame de Couradilles, jamais il ne consentira à croire à la réalité des choses ; jamais, quoi que je dise, il n'admettra qu'elle me fait violence et que je souffre, moi, de ce qu'elle fait. Il me supposera de connivence avec elle, et il va m'étrangler tout net ! »

Ainsi me disais-je. Et, en moins d'une seconde, je m'attendis à comparaître devant Dieu. Déjà, je m'imaginais sentir des mains crispées autour de mon cou.

Mais j'étais un peu loin de compte.

Juste au moment où j'appréhendais de mourir

sous l'explosion de la fureur de mon mari, je le vis se retirer vers le pied du lit, à cette place où se tenait madame de Couradilles. Et pendant que cette femme enragée continuait sur moi son travail de Lesbienne, il abusait d'elle sous mes yeux.

Voilà le mari que j'avais! Très bon enfant, au fond, quand on ne le gênait pas dans ses passions. S'il avait eu l'empire du monde, il l'aurait donné volontiers pour se procurer un nouveau plaisir. Très étonnée qu'il se fût conduit avec tant d'amabilité à l'égard de madame de Couradilles, j'interrogeai celle-ci quelques jours plus tard. A ma grande honte, elle m'apprit que, dans cette nuit de débauches, elle avait été de connivence avec mon mari, que la première idée de la chose venait de lui, qu'il lui avait même offert à l'avance une belle somme pour l'amener à se soumettre à ses désirs.

A la suite de cette affaire, je rompis avec madame de Couradilles et, quelques mois plus tard, je me séparais de mon mari. Je ne saurais trop dire pourquoi l'idée de cette séparation se mit dans ma tête. Je ne pouvais plus prendre sur moi de me soumettre aux fantaisies amoureuses d'un homme que je n'aimais pas. Je voulais être libre et vivre à ma guise. Nous nous séparâmes à l'amiable, afin de ne pas faire de scandale. La chose, néanmoins, fit un bruit énorme. Personne au monde ne connut les véritables motifs de cet événement, qui n'avait rien en soi que de fort vulgaire, mais dont les journaux crurent devoir entretenir le public pendant plus d'un mois.

Chacun, de son côté, inventa des causes différentes pour justifier à ses propres yeux l'opinion qu'il s'était faite de moi, de mon mari, à propos d'une affaire qui ne concernait que nous deux seuls. La vérité toute nue, c'est que, après plusieurs années de mariage, mon mari et moi nous ne nous plaisions pas. Ma mère me donna tort. Le baron de C... me quitta, disant que « j'étais folle », qu'une femme pouvait tout faire, mais ne devait jamais se séparer de son mari, qu'elle se devait, avant tout, à *son intérieur*.

Quel néant que les hommes ! C'était mon intérieur que regrettait celui-là, la société qu'il y rencontrait, il ne regrettait que cela. Être l'amant de l'une des femmes les plus « à la mode » de Paris, cela flattait sa vanité ; mais avoir « un *collage* » — ce sont ses nobles expressions — avec une femme séparée de son mari, cela ne pouvait convenir, en aucune manière, à un homme comme lui, qui jouissait d'une position hors ligne et de la considération universelle.

Il me quitta donc, non sans avoir assuré mon sort. C'était bien le moins qu'il pût faire, et la chose, d'ailleurs, avait été convenue entre nous depuis longtemps.

J'ai vendu Galardon, qui ne me rappelait que des souvenirs pénibles.

J'ai pris le monde en haine, en dégoût. Afin de mieux le fuir, je me suis retirée sur la fron-

tière de Paris, à Auteuil. Mais là encore, hélas!
il me poursuit. La funeste beauté à laquelle je
dois les tourments de ma vie l'attire par moments
encore. On sait que je suis là. On vient. On prend
l'habitude de revenir. C'est en vain que je me
dérobe. Je fuis les femmes avec autant de soin
que les hommes. Mon cousin même,... le seul être
qui m'ait véritablement aimée, que j'ai si mal
récompensé, je ne le vois plus. Tous les hommes
qui m'ont approchée n'ont eu l'idée de tirer de moi
que des satisfactions matérielles. Je ne m'y suis
que trop prêtée. J'en ai assez, j'en ai assez, j'en ai
assez. Je suis exaspérée d'avoir été si longtemps
regardée, d'être toujours considérée comme « une
machine à plaisir ». Bien malgré moi, j'ai été cette
machine. Je ne veux plus l'être pour personne. Et
ce n'est pas par chasteté rétrospective, par austé-
rité, par un sentiment tardif du devoir, c'est tout
simplement que tout cela m'assomme!

Je sais que j'ai commis de grandes fautes. Mais
je ne suis peut-être pas sans excuse. Comment,
même malgré la froideur de tempérament dont je
suis affligée, aurais-je pu ne jamais faillir avec les
tolérances du monde, je pourrais dire « sa compli-
cité », les exemples de ma mère et les enseigne-
ments de mon mari? Je ne veux point me donner
le ridicule de faire le procès à la société, qui, vraisemblablement, ainsi que le disait mon père, « ne
vaut ni plus ni moins que celle qui l'a précédée
sur la scène du monde »; mais je ne puis cependant m'empêcher de remarquer que c'est à qui,

dans les salons, poussera les malheureuses jeunes femmes, de toutes ses forces, à se mal conduire. En y réfléchissant à loisir, je ne me sens même point aujourd'hui aussi coupable qu'on le pourrait croire. Combien de femmes j'ai connues, mariées comme moi, mères, qui se sont vues un jour contraintes de se vendre, pour apaiser des créanciers impitoyables, et qui n'eurent même pas l'idée, comme moi, de racheter ce qu'il y avait de rachetable dans leur action, en sauvant leur mari de la ruine, sans qu'il pût soupçonner le moyen employé pour cela, le laissant honnête homme et considéré, et prenant le supplice et la honte pour elles.

Je n'ai donc pas d'amant et n'en veux plus avoir. Et cependant, singulière contradiction, j'aime à plaire encore.

A qui? A tous en général, à personne en particulier. Je le répète, je n'ai eu, dans toute ma vie, qu'une seule et véritable passion, celle de la toilette. Passion qui n'est point du tout inoffensive, car elle coûte cher. Heureusement que je ne manque pas des moyens nécessaires pour la satisfaire sans me voir obligée de subir encore les manies des hommes : je suis riche.

Je suis veuve. Je n'ai pas d'enfants. J'ai eu le chagrin de perdre ma mère.

Mes frères et sœurs sont mariés. Mon cousin Alfred est allé s'oublier en Amérique. Retirée avec mon excellente tante Aurore dans une petite maison entourée d'arbres et de fleurs, située dans

la partie la plus coquette du bois de Boulogne, je
m'exerce à mener une existence presque purement
végétative.

J'ai cinquante ans. Cet âge, si redouté des
femmes, ne m'a ni épaissie, ni alourdie, ni enlaidie.

Je ne crois pas avoir perdu une ligne de ma
taille, si élégante et si haute. J'ai toujours les
mêmes beaux yeux noirs, les mêmes sourcils
noirs, les mêmes dents éblouissantes, la même
bouche vermeille, le même menton expressif. Mais
mes cheveux sont devenus blancs. Je les porte
courageusement dans leur blancheur de neige,
relevés tout autour du front sous une coiffe en
forme de cœur, « à la Marie Stuart ».

Mes cheveux blancs contrastant avec mes yeux
noirs, loin de me vieillir, me donnent l'air jeune,
assure-t-on.

Je suis toujours extrêmement coquette de mes
pieds. Je les soigne et les chausse avec autant de
souci et d'élégance que je le faisais il y a trente
ans. Et, de même, mes bas de soie rosée sont toujours rigoureusement tendus sur mes jambes.

La seule modification que j'aie cru devoir, avec
l'âge, apporter dans mon costume consiste en
ceci : que ma robe de veuve, en forme de vertu-
gadin ou de robe Watteau, et en crêpe noir, est
un peu plus étoffée sur les hanches que je n'aurais
eu l'idée de le faire par le passé ! J'ai conservé le
même maintien que j'avais dans ma jeunesse ; je
marche toujours à grands pas, tenant le haut du

corps un peu avancé. Et mon miroir, comme
toutes les personnes qui me rencontrent lorsque,
traînant derrière et autour de moi, mes longs
voiles de veuve, je me promène, par les belles
journées d'automne ou de printemps, autour du
joli petit lac d'Auteuil, me disent que je suis toujours charmante.

FIN

TABLE

LE COFFRET DU BIBLIOPHILE

PREMIÈRE SÉRIE

DEUXIÈME SÉRIE

De chaque volume de cette collection, *strictement
réservée aux souscripteurs*, il est tiré :

5 exemplaires sur japon (1 à 5) . . . . 15 fr.

500 exemplaires sur papier d'Arches (6 à 505). 6 fr.

Pour la deuxième série, il est fait un tirage
spécial de 5 exemplaires sur japon ancien à
la main (A à E). . . . . 20 fr.

www.ingramcontent.com/pod-product-compliance
Lightning Source LLC
Chambersburg PA
CBHW072015080426
42733CB00010B/1719